척화냐 개화냐, 조선의 마지막 승부수

푸른숲 역사 퀘스트

척화냐 개화냐 조선의 마지막 승부수

이광희·손주현 지음 | 박양수 그림

푸른숲주니어

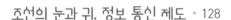

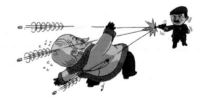

척화냐 개화냐, 그것이 문제로다

애들아, 안녕! 만나서 반가워. 별로 안녕하지 못하다고? 실은 나도 그래. 너희 같은 열혈 독자들이 책을 너무 즐겨 보아서 그런지, 문의 메일이 부쩍 늘어서 눈코 뜰 새가 없지 뭐야.

물론 이 명 박사님의 명쾌하고 훌륭한 해설이 나날이 인기를 더해 간다는 생각에 뿌듯하기도 하지만. 어쨌거나 요즘 부쩍 바빠져서 알파봇이 뭐 하고 다니는지 확인도 못 하고 있었네. 그럼 인사도 할 겸 간만에 한번 불러 볼까?

"알파봇!"

헐, 대답이 없네? 지난번에 알파봇 없이 나 혼자 북 치고 장구 치고 다 하느라 얼마나 고생했는데!

그래서 오늘은 알파봇한테 이런저런 임무를 주고 나서 시작하려 했

더니만. 어라, 아예 답이 없네? 분명히 아까 충전 빵빵하게 하는 걸 본

듯한데…….

할 수 없지, 뭐. 일단 메일부터 읽어 보고 나서 다시 부르는 수밖에.

별 고민 없이 바로 대답해 줄 수 있는 내용일지도 모르니까.

☆   **제목 : 통상 수교 거부가 옳았을까요, 개화가 옳았을까요?**

▲   보낸사람 : 만장이

받는사람 : 멍 박사님

멍 박사님, 안녕하세요?

저는 파란 중학교 2학년 만장이라고 해요. (녀석, 이름도 참.)

박사님의 멍쾌한 해설 잘 듣고 있어요. (뭐라고? 멍쾌한이라고?)

박사님 해설을 들을 때마다 저는 밀려오는 감동에 몸서리를 치곤 해요. (하이고……, 그래도 기분이 나쁘진 않군.)

특히나 실타래처럼 꼬이고 꼬인 역사를 그토록 쉽고 재미나게 풀어 가시는 걸 보면, 재치 넘치는 글쓰기로 프랑스 민중들에게 계몽주의 사상을 전파한 볼테르가 떠오르곤 한다니까요. (아니, 잠깐! 너, 중학교 2학년 맞니?)

믿기 어려우시겠지만, 저 중학교 2학년이고요. 박사님께 좀 어려운 질문을 드리려고 해요.

조선은 임진왜란이 끝나고 불과 삼백여 년 만에 일본에게 또다시 침략을 당해서 망하잖아요. 도대체 왜 그런 일을 당한 거예요? 그때 조선 입장에서는 통상을 강력히 거부하면서 끝까지 외국 세력을 막는 게 옳았을까요? 아니면 적극적으로 외국 문물을 받아들이는 게 이득이었을까요?

갑자기 궁금해져서 책이란 책을 다 찾아보고 유튜브도 검색해 봤지만 납득할 만한 답을 찾지 못했어요. (당연하지, 정답이 없으니까.)

그래서 목마른 시슴이 우물을 찾는 길급한 심선으로 대한민국의 블데르인 멍 박사님께 이렇게 메일을 드리게 되었어요. 모쪼록 멍쾌한 해설로 저의 지적 갈증을 해소해 주시길 바랄게요. (얘가 정말, 끝까지!!)

하, 진짜 난감한 질문이군. 기우는 조선의 운명을 막기 위해 '척화가 옳았냐, 개화가 옳았냐?' 이게 궁금하단 말이지? 나도 이 문제로 한참을 고민했는데 아직까지 결론을 못 내리고 있지 뭐야. 이참에 스스로도 명쾌—나까지 왜 이러냐?—아니, 명쾌하게 정리하고 넘어가야겠어. 이럴 땐 역시 역사 전문 인공 지능 로봇인 알파봇과 함께해야겠지!

"알파봇?"

아직 답이 없네. 대체 뭘 하고 있는 거야?

그게 말이야……, 좀 어려운 질문이 들어왔어.

뭔데요?

조선 시대 말, 통상 수교 거부가 옳았는지, 아니면 개화가 옳았는지 그게 궁금하다. 쩝, 나 때는 '통상 수교 거부' 같은 말 안 쓰고 그냥 '쇄국 정책'이라고 했는데 말이야.

라떼 같은 말씀 마세요. '통상 수교 거부'로 용어 정리된 게 언젠데요?

그렇지? 아무튼 조선이 밀려드는 외세에 어떻게 대응하는 게 옳았는지 알려 줘야 할 거 같아. 또 뭘 잘못해서 나라가 망하게 되었는지도.

어려울 거 없겠네요.

오, 닐리리?

아유, 닐리리는 또 뭐예요?

리얼리, 진짜냐고. 빨리 발음하면 닐리리잖아.

아, 진짜! 자꾸 그렇게 아재 개그 하시면 곤란해요. 그나마 한 줌밖에 안 되는 구독자 다 빠져나간다고요.

알았다, 알았어. 그건 그렇고, 이야기 구성을 어떻게 해야 할까?

그야 뭐……, 조선이 어쩌다 문을 여느냐 마느냐 하는 상황에 처하게 되었는지부터 알아봐야죠. 그러고 나서 조선 사람들은 그때 어떤 생각을 했는지, 또 어떻게 대처했는지 설명하면 되지 않겠어요? 그 당시 백성들의 입장도 짚어 보고요.

역시! 넌 정말 소중한 내 동료이자 명석한 연구자야. 난 구글을 준대도 너랑 바꾸지 않겠어!

며칠 전에 구글에서 나온 최신 인싱 시능 스피커 사고 좋아라 하신 거 다 알아요. 뻔한 공치사 듣기 지겨우니까 얼른 가서 일이나 할게요.

허허, 공치사라니. 얘가 진짜……! 아무튼 그 당시 시대 상황부터 정리해서 보내 줘.

알파봇? 어우, 야!

아, 냉정한 녀석. 자기 할 말 끝나면 저렇게 대답도 안 한단 말이야. 사춘기도 아니면서 왜 저러나 몰라. 뭐, 그래도 일 하나는 똑 부러지게 하니까…….. 이제 알파봇 없으면 어떻게 해설을 할지 걱정이 될 정도라니까.

그럼 슬슬 준비를 해 볼까? 파란 중학교에 다니는 만장이가 질문한 그 시대는 우리 역사에서 가장 파란만장한 시대였어. 이상하게 생긴 서양 배가 조선 앞바다에 몰려와 장사하자면서 대포를 마구 쏘아 대지, 옆나라 일본은 다짜고짜 조약을 맺자고 아우성을 부리지. 그런 데다 임오군란, 갑신정변, 동학 농민 운동, 청일 전쟁, 삼국 간섭, 을미사

변까지…….

아유, 숨 차! 그리고 아관 파천이니, 러일 전쟁이니, 대한 제국이니, 을사늑약이니, 이렇게 복잡한 사건들이 꼬리에 꼬리를 물고 일어나던 때였잖아. 그러니 사건과 사건 사이의 관계를 명쾌하게 정리하지 못하면 단어의 뜻을 몰라 헤매기 십상이지.

하지만 너희는 안심해도 좋아. 나, 명 박사가 그 많은 사건들이 왜 일어났고, 또 어떻게 되었는지 명쾌하게 풀어 줄 테니까.

그럼, 이제 조선의 마지막을 향해 출발해 볼까?

서양에서 불어오는 개항의 바람

먼저, 개항 이전 조선 안팎의 사정을 살펴볼게. 개항이라는 건, 말 그대로 항구를 개방해서 외국과 교류를 한다는 뜻이야. 지금 우리도 수교를 맺은 나라에만 자유롭게 오갈 수 있잖아? 그때 조선은 중국 외에는 딱히 교류하는 나라가 없었어. 굳이 꼽자면 가끔씩 통신사를 보내던 일본 정도?

그렇다면 조선에 개항의 바람을 불러일으킨 15세기 서양의 사정은 어땠을까?

"알파봇, 조선이 개항에 가장 큰 영향을 끼친 나라는 어디야?"

아시아에 진출한 선발 주자, 포르투갈

에헴, 가장 먼저 살펴볼 나라는 포르투갈이에요. '대항해 시대' 하면 흔히 에스파냐가 신대륙을 발견하면서 시작된 걸로 아는데요. 실은 에스파냐 바로 옆에 있는 포르투갈이 선발 주자였어요. 그러니까 포르투갈이 일으킨 대항해의 바람이 조선의 개항에까지 영향을 미친 거예요.

포르투갈은 1400년대부터 바다를 건너 인도에 가고 싶어 했어요. 후추 같은 값비싼 향신료를 얻기 위해서였지요. 그 당시 아라비아 상인들이 육로를 통해 인도에서 가져온 후추는 동로마 제국의 수도 콘

포르투갈이 대항해 시대를 연 선구자라고 할 수 있지.

희망봉이라고 들어나 봤나?

바스쿠 다가마

후-츄

스탄티노플을 지나 이탈리아 베네치아에서 거래되었어요. 복잡한 유통망(?)을 거치다 보니, 후추 가격이 같은 무게의 금과 맞먹을 만큼 비쌌답니다. 포르투갈은 직접 인도로 가는 길을 개척해야겠다고 마음먹었지요.

1498년, 포르투갈의 바스쿠 다가마는 아프리카 대륙을 돌아 인도 남서부에 도착했어요. 마침내 인도로 가는 바닷길을 발견한 거예요! 그 덕분에 인도에서 후추를 실어 와 유럽에 팔면서 큰 재미를 보았지요. 그뿐만이 아니에요. 비슷한 시기에 이탈리아 출신 아메리고 베스푸치가 포르투갈 탐험대를 이끌고 대서양을 건너 지금의 브라질 땅에 상륙했어요. 그리하여 포르투갈은 자기네 땅보다 백배나 더 큰 브라질을 식민지로 삼게 되었답니다.

여기서 끝이냐고요? 그럴 리가요! 포르투갈은 인도와 인도네시아를 거쳐 중국의 마카오까지 진출했어요. 결국 포르투갈의 대항해는 유럽 여러 나라들이 아시아로 눈을 돌리게 만드는 출발점 역할을 했지요. 그러니 조선의 개항에 큰 영향을 미친 셈이랍니다.

바닷길의 개척자 혹은 약탈자, 에스파냐

그 당시 포르투갈이 세계사에 끼친 영향력은 제법 컸지만, 아무리 그래도 에스파냐만은 못할 거예요. 에스파냐는 포르투갈이 인도 항로 개척에 열을 올리자 이탈리아 출신 모험가인 콜럼버스를 후원했어요.

그때 콜럼버스가 대서양을 비스듬히 가로질러 도착한 곳이 쿠바 옆, 바하마 제도의 한 섬이었답니다. 사실은 거기가 아메리카 대륙이었던 거예요!

정작 콜럼버스는 자기가 발견한 곳이 인도와 가깝다고 착각해서 인도의 서쪽, '서인도 제도'라고 이름 붙였어요. 그곳 원주민은 인도 사람이라는 뜻으로 인디오, 또는 인디언이라고 불렀죠.

그 후 에스파냐 사람들은 남아메리카 대륙으로 떼 지어 몰려갔어요. 금과 은을 마구 캐내 막대한 부를 쌓았지요. 또 카리브해에 있는 지금의 도미니카 공화국과 쿠바 등에 사탕수수 농장을 세우고 설탕을 만들어 팔아 큰돈을 벌어들였답니다. 그때는 설탕이 귀족들만 맛볼 수 있는 사치품이었거든요. 그런데 원주민들을 노예로 마구 부리고, 천연두 등 유럽의 풍토병을 옮겨 오는 바람에 아메리카 대륙이 초토화되고 말았지요.

또 다른 탐험가 마젤란은 남아메리카에서 태평양을 건너는 바닷길을 개척했어요. 그가 처음 지나갔다고 해서 마젤란 해협이라 이름 붙였다고 해요. 지금의 필리핀에 상륙한 마젤란은 원주민과 전투를 벌이다가 목숨을 잃었지만, 살아남은 선원들이 항해를 계속해 에스파냐로 돌아왔기 때문에 마젤란이 세계 일주를 한 걸로 치고 있지요.

에스파냐의 성공을 지켜본 유럽의 여러 나라들은 앞다투어 벤치마킹(?)을 했어요. 그 바람에 바닷길이 유럽의 배들로 복작복작해졌지요. 에스파냐가 개척한 바닷길을 통해 대항해의 바람이 머지않아 동아시아, 아니 조선까지 불어닥치기 시작했으니……. 그야말로 나비 효과가 대단했다고나 할까요?

상업 정신으로 무장한 해양 강국, 네덜란드

아, 조선의 개항에 큰 영향을 끼친 나라가 하나 더 있어요. 바로 네덜란드예요.

1500년대 후반, 네덜란드는 에스파냐의 지배로부터 벗어났어요. 그 후 세계 최강의 상업 국가가 되었지요. 세계 최초로 주식 시장이 들어선 곳도, 포르투갈이 아시아에서 가져온 진귀한 물건을 거래하던 곳도 네덜란드거든요.

네덜란드가 주목한 곳은 인도 동쪽에 자리 잡은 말레이시아와 인도네시아였어요. 그러다 마침내 포르투갈을 밀어내고 인도네시아를 식민지로 삼았지요.

그런데 어느 날, 네덜란드 선박 한 척이 일본에 표류했어요. 그 당시 일본은 에도 막부 시대였는데, 이 일을 계기로 네덜란드와 수교를 하게 되었답니다.

네덜란드는 17세기에 상업 강국이 되어 인도네시아를 거쳐 일본까지 진출했지.

아, 에도 막부가 뭐냐고요? 에도는 지금의 '도쿄'를 가리켜요. 그리고 막부는 '군사 정권'이라는 뜻이에요. 음, 에도 막부는 도쿄를 중심으로 한 군사 정권쯤 되겠네요.

일본은 네덜란드를 통해 선진 문화와 기술을 전해 받았어요. 그걸 바탕으로 훗날 조선에 침략했으니, 네덜란드의 영향도 무시하지 못하겠지요?

늦게 배운 해적질에 해 지는 줄 모른다, 영국

아무리 그래도 조선의 개항에 영국보다 더 큰 영향을 끼친 나라는 없을 거예요. 영국은 1600년대 엘리자베스 여왕 때부터 1800년대 말 빅토리아 여왕 시대에 이르기까지 이백여 년 동안, 온갖 방법이란 방법을 죄다 동원해 지구촌 최강의 제국이 되었어요. 영국의 욕심은 선발 주자였던 포르투갈, 에스파냐, 네덜란드하곤 비교할 수 없을 정도로 사나웠답니다.

영국은 우선 아메리카 대륙으로 진출해 네덜란드가 차지하고 있던 뉴욕을 빼앗은 뒤, 프랑스와 전쟁을 벌여서 캐나다 지역까지 점령했어요. 그 후 남쪽으로 눈을 돌려 멕시코 땅이었던 텍사스와 캘리포니아 등 지금의 미국 서부 지역을 빼앗았지요.

당시 영국은 전 세계에 걸쳐 어마어마한 땅을 식민지로 삼았어. 그래서 '해가 지지 않는 나라'라고 불렸지.

아시아에서도 약탈은 계속되었어요. 비록 네덜란드에 밀려서 인도네시아에서는 철수했지만, 그보다 훨씬 더 큰 인도를 오롯이 차지했거든요. 그러고는 동쪽으로 중국까지 넘보았답니다.

그 당시 영국은 중국에서 마

시는 차를 수입했는데, 인기가 너무 많은 나머지 은화가 중국으로 계속 쏟아져 들어갔어요. 그 바람에 무역 적자가 생기자, 이를 해소하기 위해 인도에서 재배한 아편을 중국에 가져가 몰래 팔았어요. 아편은 일종의 마약이에요. 당연히 중국은 아편 밀매를 금지했지요. 그러자 아예 중국으로 쳐들어가, 인류 역사상 가장 비열한 전쟁이라고 불리는 '아편 전쟁'을 일으켰답니다. 그 전쟁에서 승리해 막대한 배상금을 받았을 뿐 아니라, 중국에 큰 영향력을 발휘하게 되었어요. 그런데 그게 조선과 무슨 상관이냐고요?

여기서 잠깐!

아편 전쟁, 중국을 삼켜 버린 유럽

1840년 4월, 영국 의회에서 개표가 시작되었다. 결과는 271 대 262! 겨우 9표 차이로 의제가 가결되었다. 아편을 몰래 팔다가 몰수당한 영국이 청나라에 군대를 파견하기로 결정한 것이다. 투표 결과에서 알 수 있듯, 영국 내부에서도 '수치스러운 전쟁'을 반대하는 목소리가 높았다. 하지만 전쟁은 시작되었고, 리더십을 잃은 황제와 관료들의 비리가 더해져 청나라 군대는 대패했다.

사실 아편 전쟁이 본격적으로 시작되기 전, 영국 군함 2척과 청의 군함 29척이 맞붙은 일이 있었다. 이 교전은 청나라 군함 26척이 침몰하면서 끝났다. 따라서 청나라는 군사력에 있어서 영국을 당해 낼 재간이 없다는 사실을 전쟁 전에 이미 알고 있었다. 믿는 구석이라곤 엄청난 수의 인구뿐이었다. 하지만 당시 청나라 백성들은 청나라 군대나 영국 군대나 그놈이 그놈이라는 생각에 젖어 있어서 적극적으로 저항하지 않았다.

결국 전쟁에서 패한 청은 굴욕적인 불평등 조약인 난징 조약을 맺게 되었다. 그럼에도 불구하고 아직 성이 차지 않은 영국은 1856년에 프랑스와 힘을 합쳐 제2차 아편 전쟁을 일으켜서 승리했고, 1860년에 베이징 조약을 맺어 막대한 배상금과 영토를 받아 냈다.

영국은 중국까지 제압하고 나자 전 세계에 걸쳐 거대한 영토를 거느리게 되었어요. 이제 식민지를 지키는 데 혈안이 되었지요. 특히 러시아가 만주와 한반도로 내려오는 걸 극도로 경계했답니다.

그러다 1885년에 영국이 조선의 거문도(전라남도 여수와 제주도 사이에 있는 섬)를 불법으로 점령했어요. 러시아 해군을 견제하기 위해 자기네 해군 기지를 설치하려는 속셈이었지요. 게다가 세상에, 거문도 점령 사실을 청나라에만 알리고 조선 정부에는 통보조차 하지 않았다지 뭐예요?

청나라의 중재로 이 년여 만에 철수를 했는데, 그 일을 빌미로 조선에 대한 청나라 입김이 더욱더 강해졌다고 해요. 그 결과 호시탐탐 조선을 노리던 일본과 부딪쳐 청일 전쟁이 일어나는 계기로 작용했답니다. 나중에 영국은 일본이 조선을 집어 삼키는 걸 묵인했어요. 이러니 영국이 조선에 끼친 영향이 크다고 볼 수 있지요.

처음으로 조선에 함포를 쏜 서양 국가, 프랑스

하긴, 아무리 영국이 조선의 개항에 큰 영향을 끼쳤다고 해도 프랑스만 하겠어요? 조선에 통상을 요구하면서 군함을 동원해 대포를 쏜 첫 번째 나라거든요.

프랑스는 식민지를 차지하기 위해 번번이 영국과 맞섰어요. 하지만 북아메리카에서는 밀리고 밀린 끝에 도망쳐 나와야 했고, 인도에서도 크게 패하는 바람에 별 재미를 보지 못했죠. 그러다 1856년에 영국이 주도했던 아편 전쟁에 참여한 대가로 중국에 거점을 마련했는데, 곧 함대를 이끌고 조선으로 몰려왔답니다.

조선 역사상 최초로 군함을 동원해 밀고 들어갔지.

봉주르~!

조선은 강화도에 침입한 최초의 서양 국가인 프랑스를 멋지게 물리쳤어요. 이 사건을 '병인양요'라고 해요. 이때 조선은 '어, 서양 오랑캐 별거 아니네?' 하고서 근거 없는 자신감을 갖게 되었다나요. 그래서 개화보다 통상 수교 반대를 선택하게 된 걸까요? 어쨌거나 프랑스 역시 조선의 외교 정책에 큰 영향을 끼친 나라 중 하나라 할 수 있겠네요.

"알파봇, 대단해! 하지만 대체 어느 나라가 조선의 외교 정책에 가장 큰 영향을 미쳤는지는 당최 모르겠는걸? 헷갈리게 해서 한 번 더 생각하게 만드는 게 네 의도라면……, 일단 성공!"

그럼 정리해 볼까? 알파봇이 전해 준 이야기의 핵심은 두 가지야. 첫째, 조선에 불어닥친 개항의 파도는 주변 나라에서 일으킨 게 아니라 오백여 년 전 유럽의 서쪽 끝 에스파냐와 포르투갈에서부터 일렁이기 시작했다. 둘째, 그 거대한 파도를 네덜란드와 영국, 프랑스가 조선으로 이끌고 왔다.

여기서, 잠깐! 그렇다면 이토록 복잡한 상황에 처한 조선을 강제로 개항시킨 나라는 어디일까? 앞서 등장한 유럽의 다섯 나라 중 하나일까, 아니면 아직 등장하지 않은 미국이나 러시아 중 하나일까? 의외의 답이 기다리고 있으니까 한껏 기대해도 좋아!

아무튼 근대로 접어들면서 유럽의 서쪽 끝 포르투갈에서 아시아의 동쪽 끝 조선까지, 지구촌의 모든 사건 사고가 서로 밀접하게 맞물려 돌아간다는 건 알아 둘 필요가 있겠네.

여기서 잠깐!

아시아를 주름잡은 침략 기지, 동인도 회사

1600년대, 영국을 비롯한 유럽의 여러 나라들은 아시아로 진출하기 위해 경쟁적으로 '동인도 회사'를 설립했다. 인도 항로를 꽉 쥐고 있던 포르투갈과 에스파냐의 세력이 약해지자 네덜란드와 영국, 프랑스가 향신료 무역을 독점하고자 그 자리를 차지하기 위해 다툼을 벌이기 시작한 시기였다. 본국과 멀리 떨어져 있는 만큼 신속한 결정을 내리고 최대한의 이익을 취하기 위해 너나없이 동인도 회사를 차린 것이다.

머지않아 인도에서는 영국 동인도 회사가 프랑스를 밀어내었고, 동남아시아에서는 네덜란드 동인도 회사가 영국과 프랑스를 제치고 세력을 떨쳤다. 아시아 식민 지배의 교두보를 마련한 유럽 각국의 동인도 회사는 1800년대에 들어서면서 본국에 소유권을 넘겨 국가에서 직접 식민지를 다스리게 했다.

동인도 회사는 우리가 생각하는 일반적인 회사와는 자못 다르다. 각 지역의 상업과 무역뿐 아니라 군사·행정, 심지어 사법권까지 갖고 있던 식민 지배 기관이었기 때문이다. 일제 강점기 시절, 조선 총독부와 비슷하다고 생각하면 될 듯하다.

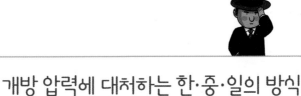

개방 압력에 대처하는 한·중·일의 방식

조선과 이웃한 청나라와 일본은 서양의 개방 압력에 어떻게 대응했을까? 앞서 이야기했듯이, 서양 세력이 아시아로 마구 몰려올 때 조선과 청나라, 일본 세 나라의 정세는 시계태엽처럼 맞물려 돌아가고 있었어. 그런 면에서 개항 전후의 상황을 동시에 살펴보는 게 이해하기 쉬울 거야. 자, 그럼 개항 전의 동아시아 삼국으로 출발해 볼까?

처음에는 너나없이, 서양 오랑캐를 무찌르자!

포르투갈이 인도로 가는 항로를 개척하고 있을 무렵, 중국은 이미

해양 강국의 면모를 갖추고 있었어. 1405년, 명나라 환관인 정화가 축구장보다 더 큰 함선 수십 척을 이끌고 동남아시아를 지나 인도양과 아라비아해를 거쳐 아프리카에 이르는 원정에 나섰지. 몇 차례에 걸친 이 원정으로 동남아시아에 화교들이 진출했고, 또 여러 나라들과 조공 무역을 하기 시작했어. 그런데 딱 거기까지였어. 정화를 시기한 사람들에 의해서 항해가 중단되고 말았거든. 그 후 명나라는 바닷길을 아예 닫아 버렸지.

명나라에 이어 중국 대륙을 차지한 청나라도 바닷길에는 딱히 관심이 없었어. 뭐, 지구촌에서 내로라하는 부유한 나라 중 하나였으니까. 게다가 네 번째 황제인 강희제에서 여섯 번째 황제인 건륭제에 이르는 약 백삼십여 년 동안, 중국 역사상 가장 넓은 영토를 차지해 '세상의 중심은 중국'이라는 자부심을 갖고 있었지. 영국 상인들이 무역 좀 하게 해 달라고 조르자 청나라 황제는 이렇게 대답했어.

"우리나라에는 없는 게 없어. 너희 나라 물건 같은 거 필요 없거든?"

그때 영국은 인도를 식민지로 삼은 뒤, 어떻게든 세계에서 가장 큰 시장인 청나라를 뚫어 보려고 호시탐탐 기회를 노리던 중이었어. 그런데 정작 청나라는 그런 사실을 까맣게 모르고 있었단 말이야. 결국 영국은 1840년과 1856년, 두 번에 걸쳐서 아편 전쟁을 일으킨 뒤 청나라의 콧대를 확 꺾어 놓았지. 그때부터 청나라는 서양 여러 나라들의 먹잇감이 되고 말았어.

이 소식을 접한 바다 건너 일본의 심경은 어땠을까? 놀라 자빠질 지

경이었지. 땅덩이로 보나 인구로 보나, 대국이라 여기던 청나라가 무너지는 모습을 보면서 충격을 받을 수밖에. 무엇보다 서양 세력이 생각보다 강하다는 사실에 놀랐을 거야. 그 전까지는 일본도 쇄국 정책을 펼치고 있었거든. 그래서 서양 배가 해안에 나타나면 무조건 격퇴를 했는데……. 아편 전쟁에 패한 청나라 소식을 듣고 난 뒤에는 대포를 쏘지 않고 잘 타일러 돌려보내라는 걸로 지침을 바꾸었다나?

그러던 1854년, 도쿄 해안에 미국 군함이 나타나 통상을 하자면서 위협을 했어. 결국 일본은 미국과 화친 조약을 맺게 되었지. 그러자 다이묘(각 지방을 다스리는 영주)들이 미국과 맺은 조약이 불평등하다며 들고일어났어. 그들은 제대로 싸워 보지도 않고 서양 세력에 굴복해 버린 막부 정권을 타도하자고 외쳤어. 그 바람에 막부와의 갈등이 엄청 깊어졌지.

그렇다면 그때 조선의 상황은 어땠을까? 정조가 나라를 다스리던 시절이었어. 어땠을지 짐작이 가지? 그야말로 활력이 넘쳤어. 개혁 군주답게 백성에게 짐이 되는 제도는 모조리 뜯어고쳤지. 문예 부흥을 일으켜서 문화가 활발하게 꽃피었고. 그런데 1800년에 정조가 세상을 떠나고 나서부터 나라가 이상하게 변해 갔지 뭐야. 왕의 외척 가문이 권력을 독점하는 세도 정치가 시작되었거든. 정약용처럼 개혁을 외치던 실학자들은 유배를 가거나 권력에서 밀려나 버렸어.

조정을 장악한 세도가들은 관직을 사고팔며 부를 축적하고, 지방 수령들은 백성을 수탈하는 데 열을 올렸지. 그 때문에 먹고살기 힘들어져서 분노한 백성들은 곳곳에서 난을 일으켰어. 그런데 이 무렵에 이상하게 생긴 서양 배가 조선 해안에도 출몰하기 시작한 거야. 그들의 요구는 나라를 개방해 통상을 하자는 것!

누가 더 발 바르게 움직였나?

청나라는 서구 여러 나라에 문을 연 뒤에도 정신을 차리지 못했어. 함풍제의 후궁이었던 서 태후는 아들이 황제 자리에 오르자 권력을 쥐락펴락하는 데만 골몰했지. 음, 그렇다고 개혁의 움직임이 아예 없었던 건 아니야. '양무운동'을 통해서 서양 기술을 도입하고 근대적 군대와 무기를 갖추기 시작했거든. 다만 중국의 체제를 그대로 유지하면서 기술만 도입했기에 한계가 있을 수밖에 없었어.

반면에 일본은 달랐어. 천황을 지지하는 젊은 무사들이 힘을 모아 막부를 타도해 버렸지. 그러고 나서 1868년에 어마어마한 개혁을 실시했는데, 그걸 '메이지 유신'이라고 불러.

일본은 머리끝부터 발끝까지 싹 다 바꾸어 나갔어. 몸통은 그대로 유지한 채 서양 기술만 배우려던 청나라와 달리, 모든 면에서 서구를 따라 하려 했거든. 그렇게 서구의 제도와 문물을 발 빠르게 받아들인 덕에 부강한 나라로 서서히 바뀌어 갔지.

그때 조선은 무엇을 하고 있었을까? 나름대로 개혁을 하기 위해 노력했어. 청나라와 일본에 각각 영선시와 수신사를 보내 어느 나라를 모델로 삼을지 정하려고 했거든. 하지만 불행하게도 명성 황후와 민씨 일가가 모든 권력을 틀어쥔 채 수탈에만 열을 올리는 바람에 제대로 된 개혁을 시도할 수가 없었어.

그럼 한번 정리해 볼까? 그 당시 청나라와 일본 모두 강제로 개항을 당(!)했어. 중국은 영국에, 일본은 미국에 의해서 말이야. 하지만 개항 이후의 모습은 확연히 달랐지. 부분적인 개혁에 나선 청나라는 몰락의 길을 걸었고, 전부 다 확 바꾼 일본은 근대화에 성공했으니까.

그렇다면 조선은……? 다음 장에서 본격적으로 알아보자.

척화를 부른 네 가지 사건

이제 그 시대에 벌어진 사건들을 하나하나 살펴볼까? 그래야 조선이 남들 다 하는(?) 개항을 왜 발 벗고 나서서 반대했는지 조금이나마 이해할 수 있을 것 같아. 이번엔 알파봇에게 도움을 청해야겠다. 생생한 현장 검증이 필요하니깐.

"알파봇, 너 조선에 좀 다녀와야겠다."

"조선요? 제가요? 또요? 왜요?"

"또요는 뭐고 왜요는 뭐야? 누가 보면 매일 일만 시키는 줄 알겠네. 인공 지능이 너밖에 없으니깐 그렇지. 지금 바로 조선으로 가서 개항에 죽자 살자 반대했던 이유가 뭐였는지 한번 캐 봐."

"아으, 이번에는 왠지 엄청 빡세게 굴러다닐 거 같은 느낌적인 느낌인데……."

"시끄러워. 뭔 또 느낌적인 느낌 같은 소리야? 어서 위기에 처한 조선으로 출발!"

[Live 중계 #1] 1866년 여름, 제너럴셔먼호 방화 현장

네, 알파봇 특파원입니다. 저는 지금 뜨거운 여름 태양 아래 이양선 한 척과 평양 군민들이 대치 중인 대동강 어귀에 나와 있습니다. 이양선이 뭐냐고요? 혹시 거북선 같은 거냐고요? 아니요, 모양이 조선 배들과 다르게 생겼다고 해서 불은 이름이랍니다. 주로 서양의 철로 만든 배를 가리킬 때 쓰는 말이에요.

앗! 말씀드리는 순간, 이양선에서 대포와 총알이 휙휙 날아드는군요. 사람들이 깜짝 놀라서 허겁지겁 흩어집니다. 아, 이런! 순식간에 여러 명이 부상을 당했네요. 도대체 왜 이런 일이 벌어지고 있는지 붉으락푸르락한 얼굴로 횃불을 들고 있는 백성 한 명과 이야기를 나눠 보겠습니다.

알파봇

지금 대체 무슨 상황인가요? 저 배는 왜 대포를 쏘고 있는 거죠?

백성

쌀국인가 미국인가 하는 서양 놈들이 이양선을 몰고 와서는 먹을 걸 내놓으라기에 이것저것 챙겨 주었지. 근데 곱게 돌아가지 않고 개항인가 통상인가를 하라면서 저렇게 행패를 부리지 뭐야? 지금 다들 빡쳐서 저 배를 부서뜨리려고 관찰사 나으리 명만 기다리고 있는 중이라네.

알파봇

아니, 기껏 식량을 챙겨 주었는데 되레 행패를 부리다니요? 에휴, 놀랍네요. 아무튼 말씀 잘……!

말이 미처 끝나기도 전에 조선 병사들의 공격으로 이양선, 그러니까 미국에서 온 제너럴셔먼호가 불타기 시작합니다. 화재를 피해 도망쳐 나온 외국인들이 성난 평양 백성들에게 붙잡혀 몰매를 맞고 있습니다. 지금까지 평양 백성들이 제너럴셔먼호를 불살라 버린 현장에서 알파봇이었습니다.

"수고했어, 알파봇. 상황 좀 정리해 줄래?"

"특파원한테 왜 반말이세요? 지금 생방송 중이잖아요."

"어……, 그렇군요. 알 특파원, 상황을 정리해 주겠습니까?"

"앞서 보신 대로 미국의 상선 제너럴셔먼호가 1866년에 대동강으로 거슬러 올라와 통상을 요구하며 행패를 부리자, 성난 평양 백성들이 배에 불을 지르고 선원들을 모두 참형에 처했습니다."

"그 당시 평안도 관찰사가 개항을 주장하던 박규수잖아요. 어쩌다 그런 일이 벌어진 겁니까?"

"이양선의 행패가 너무 지나친 나머지, 개항을 앞장서 주장하던 박규수마저 빡치게 만든 거죠."

"그렇군요. 그나저나 미국 상선이 불타고 선원들이 모두 죽었으니 장차 큰 보복이 일어나지는 않을지 걱정입니다. 알 특파원, 계속해서 현장 중계 부탁해요."

[Live 중계 #2] 1866년 가을, 병인양요 현장

제너럴셔먼호 사건이 터지고 석 달이 지난 가을, 저는 지금 강화도 정족산성에 와 있습니다. 조금 전 프랑스 함대 일곱 척이 포를 쏘며 섬 가까이로 진입했는데요. 이곳을 지키는 양헌수 장군이 포를 쏘며 반격하고 있습니다.

강화 해협 건너편 김포의 문수산성에서는 한성근 장군이 나서서 프랑스군을 협공하고 있습니다. 지난번엔 미국 상선이 평양에서 난리를 피우더니, 이번엔 프랑스 함대가 강화도로 침입한 모양입니다. 양헌수 장군을 만나 이야기를 나눠 보겠습니다.

알파봇

장군님, 프랑스 함대가 왜 멀고 먼 조선 땅까지 와서 이 난리를 치는 건가요?

양헌수

올해 초, 프랑스인 신부 아홉 명과 조선의 천주교 신자 팔천여 명을 처형하는 사건이 일어났소. 그걸 '병인박해'라고 부른다오. 그때 가까스로 청나라로 도망간 프랑스 신부가 프랑스 함대 사령관에게 그 일을 일러바쳤지요. 그러자 프랑스가 보복을 한다는 명목으로 저리 쳐들어온 것이오. 통상을 하자고 대포를 쏘며 난리를 부리고 있소만, 조선군은 흥선 대원군의 명에 따라 저들을 몰아내는 중이라오. 그럼 바빠서 이만!

걸으로는 몇 달 전에 처형당한 프랑스 신부들의 복수를 하겠다는 거지만, 실제로는 프랑스 함대가 통상을 요구하며 강화도를 침략한 사건이네요. 프랑스군은 강화도에 상륙해 약탈과 살인을 저지르고, 외규장각에 보관된 책과 의궤까지 훔쳤습니다. 심지어 물러날 때 불까지 질렀죠. 어쨌거나 조선의 강력한 저항으로 통상이라는 목적을 이루지는 못하고 퇴각했습니다. 이상, 병인양요 현장에서 알파봇이었습니다.

"잘 들었어요, 알 특파원. 결국 프랑스 함대가 물러났다는 건데, 그곳 분위기는 어떻습니까?"

"네, 일단 프랑스군을 몰아냈다는 자부심으로 상당히 고무된 분위기입니다."

"수고했어요, 알 특파원. 계속해서 수고해 주기 바랍니다."

제너럴셔먼호
무단 침입
1866년 여름

병인양요
1866년 가을

남연군 묘 도굴
1868년 봄

신미양요
1871년 봄

[Live 중계 #3] 1868년 봄, 남연군 묘 도굴 현장

저는 이 년이 훌쩍 지난 1868년, 충청도 덕산의 한 무덤 앞에 나와 있습니다. 칠흑 같은 어둠이 깔린 새벽인데요. 수십 명의 사람들이 곡 괭이와 삽으로 무덤을 파고 있는 게 보입니다. 대체 이 새벽에 무얼

하는 걸까요? 특종이 있다면 어디든지 찾아가는 알파봇이 달려가 보겠습니다.

알파봇

여보세요? 거기, 아저씨! 대체 이런 뜬금없는 시각에 뭐 하시는 건가요?

도굴꾼

아이코, 깜짝이야. 지금 뭐 하냐고? 흥선 대원군의 아버지이자 고종 임금의 할아버지인 남연군의 묘를 파고 있지. 어이, 카메라는 저리 치워!

알파봇

현재 조선 최고 권력자인 흥선 대원군 아버지의 묘를 판다고요? 왜요?

도굴꾼

이 년 전부터 우리가 조선에 와서 통상하자고 통사정을 해도 흥선 대원군이 들어줘야 말이지. 뭐…….

알파봇

그래서 흥선 대원군 아버지의 시신을 인질로 삼아 통상을 요구하겠다는 거예요?

도굴꾼

나, 참! 저리 가! 가뜩이나 회를 잔뜩 발라 놔서 파기도 힘든데, 왜 이리 귀찮게 굴어?

말씀드리는 순간, 횃불을 든 사람들이 소리를 지르며 몰려오고 있습니다. 숫자에 밀린 도굴꾼들이 겁을 먹고 황급히 달아나는데요. 저들이 어디로 가는지 끝까지 추적해 보겠습니다.

아, 제가 도굴꾼을 따라 도착한 곳은 인천 옆 영종도입니다. 도굴꾼들은 여기서도 불을 지르고 행패를 부리며 통상을 요구하고 있습니다. 영종도 책임자가 흥선 대원군의 명에 따라 단호히 거절하여 돌려보내네요. 지금까지 남연군 묘 도굴 현장에서 알파봇이었습니다.

"정말 어처구니없는 도굴꾼이잖아? 아니, 도굴꾼이군요. 알 특파원, 한양에서는 어떤 반응을 보였는지 들은 소식이 있습니까?"

"네, 비공식적인 정보통에 의하면, 소식을 접한 흥선 대원군의 분노가 하늘을 찌를 기세라고 합니다. 일반 백성들 역시 짐승만도 못한 서양 놈들이라고 분개하는 분위기라고 하고요."

"지금 서양 놈들이라고 했는데, 도굴꾼의 정체가 밝혀졌나요?"

"네, 남연군 묘 도굴을 기획하고 지휘한 인물은 독일에서 온 오페르트로 밝혀졌습니다. 청나라 상하이에서 활동하고 있다는군요. 조선에 두 번인가 와서 통상을 요구하다가 거절당하자 이런 일을 꾸몄다고 합니다."

"알겠습니다. 이번 사건을 계기로 흥선 대원군이 더욱더 강력하게 척화 정책을 펼칠 것으로 예상되는군요. 알 특파원, 계속해서 사건 현장을 지켜 주기 바랍니다."

[Live 중계 #4] 1871년 봄, 신미양요 현장

헉헉! 아이고, 힘들어. 저는 지금 미국 함대에 공격을 당한 강화도 광성보에 나와 있습니다. 지금 시각이 신미년, 그러니까 1871년 봄인데요. 병인양요 이후 오 년의 시간을 달려오다 보니 며칠 늦게 도착한 모양입니다. 전투 상황을 직접 취재하지 못해 무척 안타까운데요. 대체 무슨 일이 있었던 건지 한 병사와 이야기 나눠 보겠습니다.

알파봇

화약 냄새가 섞인 연기가 주변에 가득한데요. 대체 지금 어떤 상황인가요?

부상 병사

보다시피 우리가 전투에서 패배했소. 미군이 함대를 몰고 와 포를 쏘며 상륙하는 걸 어재연 장군이 초지진에서 막아 내려 애쓰다 전사했다오. 이어 덕진진과 광성보까지 점령 당했지 뭐요. 총알이 떨어진 조선군은 맨 몸으로 끝까지 맞섰지만 역부족이었지요. 내가 오 년 전에 프랑스 함대가 쳐들어왔을 때도 싸웠는데, 그때보다 훨씬 더 강한 군대인 것 같소.

알파봇

그렇게 강력한 미국 함대가 왜 머나먼 조선, 그것도 강화도에 쳐들어온 건가요?

부상 병사

겉으로는 오 년 전에 대동강에서 불탄 제너럴셔먼호에 대한 배상을 받겠다는 건데……, 거기에 '원 플러스 원'으로 통상까지 요구하고 있지요. 결국 대포로 개항을 성사시키겠다는 목적인 것 같소.

"그 당시 서양 나라들은 하나같이 대포를 쏘며 통상을 요구하는 방법을 썼던 모양입니다. 평화적으로 설득하려는 나라는 왜 없었는지 의문이 드네요."

"알 특파원, 수고 많았어요. 그곳 분위기와 한양의 반응을 간략히

여기서 잠깐!

조선은 왜 제너럴셔먼호에 적대적이었을까?

1866년에 미국 국적의 상선 서프라이즈호가 평안도 앞바다에서 사고를 당해 침몰했다. 이때 평안도 군민들은 살아남은 선원들을 구해 잘 대접한 뒤 청나라 베이징까지 보내 주었다. 그 당시는 흥선 대원군이 병인박해를 일으켜 서양의 신부뿐 아니라 수많은 천주교 신자들을 처형했던 때여서, 조선이 그들에게 베푼 호의는 자못 신기해 보이기도 한다. 그런데 그해에 같은 미국 국적 상선인 제너럴셔먼호가 왔을 때는 평양 군민들이 깡그리 불태워 버리고 만다. 왜 이렇게 상반된 행동을 한 것일까?

이는 조선의 외교 정책에서 비롯된 것으로 볼 수 있다. 조선의 외교 정책은 '예의바르면 호의로 대접하되, 난동을 부리면 제압한다.'는 것이었다. 서프라이즈호는 어려움에 빠졌으니 도운 것이고, 제너럴셔먼호는 난폭하게 굴었으니 응징한 것이다. 말이 상선이지 무장한 해적선이나 다름없었던 제너럴셔먼호의 경우, 평양 군민이 처음엔 호의를 베풀었으나 그들이 난동을 부린 탓에 불태워진 것이다.

전해 주시죠."

"사십여 일 동안 미군이 휩쓸고 지나간 탓에, 이곳은 인기척 하나 없이 깃발만 나부끼고 있습니다. 큰 희생을 치르긴 했지만, 결국 미군이 물러난 걸 확인하고선 자신감 뿜뿜이라고 합니다. 프랑스에 이어 미국도 물리쳤다고 하면서요. 우리 식으로 할 수 있다는 분위기가 한껏 치솟았달까요? 이상, 포연이 자욱한 신미양요 현장에서 알파봇이 전해 드렸습니다."

척화냐 개화냐, 조선의 마지막 승부수

지금까지 조선이 척화를 선택하게 만든 네 가지 사건을 살펴봤어. 홍선 대원군의 심정도 조금은 이해가 되는 것 같아. 홍선 대원군은 신미양요가 끝난 뒤 척화비를 만들어 세우며 이렇게 썼다고 해.

서양 오랑캐가 쳐들어오는데 싸우지 않으면 화친하는 것이요, 화친을 주장하는 것은 나라를 파는 행위이다.

그런데 여기서 한 가지 생각해 볼 게 있어. 프랑스와 미국을 상대로 연거푸 두 번의 승리를 거둔 게 조선에 과도한 자신감을 심어 준 건 아니었을까? 서양 오랑캐도 별거 아니구나, 하는 오판을 하게 되었으니까 말이야.

결국 조선은 두 번의 양요를 겪으면서 일시적으로 서구의 침략을 저지하는 듯했지만, 세계적인 흐름인 개항에 주체적으로 대처하지 못했다는 아쉬움이 남아.

어디로 가야 하나, 갈림길에 선 조선

지금 조선 정세가 매우 급박하게 돌아가고 있어. 병인양요와 신미양요를 겪으며 서양 세력을 물리치긴 했는데, 옆나라 일본이 집요하게 조약을 맺자고 요구하고 있는 상황이거든. 그래서 긴급히 개화파 박규수 선생과 척화파 최익현 선생을 모시고 조선이 과연 어떤 길로 가야 하는지 의견을 들어 볼 생각이야.

"알파봇, 두 분 좀 모시고 와야겠는데?"

"이미 대기 중이세요."

"엥, 벌써 모셔 왔어? 어떻게 알고?"

"척 보면 알죠. 박사님이 어떻게 하실지."

멍 박사

박규수 선생님, 안녕하세요? 이래저래 바쁘실 텐데 어려운 걸음 하셨습니다.

박규수

반갑소. 연암 박지원 선생의 손자 박규수일세. 내 이름이 이미 앞에서 몇 번 등장했다고 들었네.

멍 박사

최익현 선생님 나오셨습니다. 선생님께서는 역사 연구소에 처음이신데……. 안녕하시죠?

최익현

전혀 안녕하지 못하오. 몸도 마음도 안녕하고는 아주 거리가 멀구려.

멍 박사

아니, 왜 그러세요? 어디 편찮으신 데라도? 그럼 다른 분으로 교체를…….

최익현

그게 아니라 얼마 전에 눈보라가 휘몰아치는 광화문에서 도낏자루 등에 지고 조약 반대 상소를 올렸는데, 추운 데서 한참 떨어서 그런가? 삭신이 쑤시는구려.

멍 박사

아, 참! 그러셨죠? 실은 그 때문에 두 분을 모셨습니다. 일본이 저토록 집요하게 조약을 맺자고 난리를 치는데, 조선은 이제 어찌해야 할까요? 비상시국이니만큼 바로 토론으로 들어가도록 하지요. 먼저, 개항에 왜 찬성 또는 반대를 하는지 두 분의 의견을 들어 보겠습니다. 그다음에는 조선이 나아갈 방향에 대해 얘기해 주십시오. 적극적으로 개항을 주장하시는 박규수 선생님 말씀부터 들어 볼까요? 그렇게 주장하시는 이유가 무엇인가요?

부국강병 vs. 망국의 지름길

박규수

개항은 세계적 흐름이야. 다들 조약을 맺어 문호를 개방하고 서구 문물을 받아들이는 세계사적 전환점에 서 있지. 부국강병으로 가는 첫 단추라고나 할까? 개항이 아니고선 지금 조선은 살 길이 없네.

멍 박사

개항이 부국강병이다, 이런 말씀이시군요. 그럼 최 선생님은 왜 개항에 반대하시나요?

최익현

개항은 망국첩경입니다. 망국으로 가는 가장 빠른 지름길이란 얘기지요.

멍 박사

개항을 두고 서로 상반된 주장을 하시는군요. 최 선생님, 그렇게 생각하시는 근거가 뭔가요?

최익현

개항이란 게 통상을 하자는 것이지 않소? 통상을 하자면 서로 물건을 사고팔아야 하지요. 그런데 우리나라 물건은 우리 땅에서 나는 걸로 한정되어 있고, 저들이 만드는 물건은 대량 생산으로 만든 사치스러운 것들이오. 게다가 저들의 요구는 끝이 없소. 매번 맞춰 주지 않으면 화를 내며 약탈하거나 짓밟을 것이오. 지금 개항을 하면 몇 년 못 가서 삼천리강산이 메말라 나라가 망할 게 뻔하오. 이러한 시국에 박 선생님께서 주상 전하께 개항을 해야 한다고 종용을 하고 계시니, 정말로 실망스럽습니다.

박규수

허허, 참 딱하네그려. 나도 일본이 통상을 구실로 무력을 행사한다면 당당히 물리칠 것이네. 십 년 전에 평양에서 있었던 제너럴셔먼호 격퇴를 보지 않았나? 미국 상선에 불을 질러 버리라는 명령을 내린 사람이 바로 날세. 부당한 압력은 물리쳐야 마땅하지만, 개항은 반드시 해야 하는 것이라네. 그것이 세계적 흐름이야. 언제까지 우물 안 개구리 같은 소리만 하고 있을 텐가?

최익현

선생님, 일본을 몰라도 너무 모르십니다. 일본은 서양 오랑캐와 똑같은 것들입니다. 서양 옷을 입고, 서양 대포를 쏘며, 서양 머리를 한 채 침략할 것이 분명합니다. 정신 차리십시오.

세계적 흐름 vs. 무조건적 침략

멍 박사

토론이 자칫 감정싸움으로 번질 것 같아서 제가 좀 나서겠습니다. 두 분이 왜 개항에 찬성과 반대를 하시는지 들어 봤는데요. 그렇다면 조선은 이 어려운 시국을 어떻게 헤쳐 나가야 할까요? 먼저, 박규수 선생님부터 말씀해 주시지요.

박규수

개항 말곤 이 어려운 시국을 헤쳐 나갈 방법이 없어. 내가 십오 년 전에 청나라에 사신으로 다녀왔네. 그때 아편 전쟁을 일으켜 청나라를 무너뜨린 서양이 얼마나 강한지 두 눈으로 똑똑히 보았지. 나는 조선이 먼저 문을 열고 서양과 교류해야 한다고 생각하네. 무력으로 당하기 전에 나서서 배우는 게 낫지 않겠나? 삼 년 전에 청나라에 또 다녀왔는데, 두 번 연달아 패해서 그런가? 몰라보게 달라졌더군. 양무운동을 벌여 서양식 무기와 함선을 만들고, 서양식 교육을 도입해 조금씩 개혁을 하고 있었다네. 일본은 또 어떤가? 서양식으로 모든 걸 싹 다 바꾸었지. 바로 그걸세! 우리도 개항을 해서 나라를 안정시키고, 서양 여러 나라들과 조약을 맺어야 해. 혹시라도 침략을 해 오면 막아 내면 되는 것이야.

최익현

선생님이야말로 참으로 딱하십니다. 개항이란 게 어디 우리 맘대로 될 듯싶습니까? 조약을 맺어 개항을 하면 힘센 나라가 하자는 대로 해야지 별수가 있나요? 그러면 조선은 망합니다. 말이 좋아 개항이지 그건 곧 침략이지요. 그 강

성하던 청나라조차 힘에 부쳐 하는데, 조선이 어찌 침략을 막아 낸단 말입니까?

멍 박사

최익현 선생님, 그럼 개항에 무조건 반대해야 한다는 건가요? 혹시 달리 대안은 없으신가요?

최익현

개항을 하더라도 양국의 실상을 면밀히 따져 보고 나서 그에 걸맞은 조약을 맺어야겠지요. 불평등한 내용 없이 자주적으로 해야 한다는 말씀입니다. 허나 지금 조선은 그럴 의지도, 능력도 없지요. 그래서 내가 도낏자루 등에 지고 반대를 하는 것이오.

개항은 하되 침략은 막아야

멍 박사

제가 정리해 보겠습니다. 박규수 선생님은 세계적 추세에 발맞춰 빨리 개항을 하되 여차하면 몰아내면 된다는 의견이시고, 최익현 선생님은 조선이 아직 그럴 힘이 없으니 개항을 해서는 안 된다는 입장이시군요. 마지막으로 박규수 선생님, 미국의 제너럴셔먼호 사건 있지 않습니까? 대표적인 개화 사상가께서 어째서 통상을 거부하고 배를 불태우라는 명령을 내리신 건가요?

박규수

그건 그럴 만한 사정이 있었네. 흥선 대원군 시절의 방침이 '절대 통상 거부'였거든. 국가 방침을 내 맘대로 어길 수는 없는 노릇 아니겠나? 그래서 일단 먹을 것을 주고 조용히 돌려보내려 했는데, 그들이 내 부하를 인질로 삼고 군민들을 해치기에 불태우라는 명령을 내린 것이라네. 다시 말하지만, 개항하여 교류하되 침략은 물리쳐야 하지.

멍 박사

그런 내막이 있었군요. 그리고 참, 요즘도 선생님 댁 사랑방에 젊은 친구들이 모여서 공부를 하고 있습니까?

박규수

아, 조선의 미래 말인가? 김윤식, 김옥균, 박영효, 어윤중 등 여러 인재들이 모여서 열심히 개화에 대해 연구하고 있지. 두고 보게. 그 젊은이들이 장차 이 나라를 개화의 길로 이끌 걸세. 잠깐 부를까?

멍 박사

아, 아닙니다. 제가 나중에 따로 소개하도록 할게요. 지금까지 개화파 박규수 선생님과 척화파 최익현 선생님을 모시고 이야기 나눠 보았습니다. 먼 길 와 주신 두 분께 다시한번 감사드립니다!

조선의 문을 강제로 연 강화도 조약

이런, 개항을 하는 게 좋은 건지 나쁜 건지 더 헷갈리는걸. 이렇게 개항을 하네 마네 하면서 첨예하게 대립하고 있을 때, 강화도에서는 조선의 역사를 뒤바꿀 파도가 밀려오고 있었어.

1876년, 일본군이 전함을 이끌고 강화도 앞바다에 떡하니 나타난 거야. 지난해 발생한 운요호 사건의 시비를 가리자나? 아, 운요호 사건이 뭐냐고? 1875년에 일본 군함 운요호가 강화도에 접근했는데, 조선 수군이 포격을 가한 사건이야. 충돌의 내막은 이래.

강화도 앞바다에 기어 들어온 운요호에서 일본군 몇몇이 보트를 타고 초지진 쪽으로 다가왔어. 조선군은 그 보트에 대고 접근하지 말라며 경고를 했지. 그런데 경고를 무시하고 계속 접근하는 거야. 결국 조선군이 포격을 했어. 조선에는 우리 영토에 외국 배가 들어와 말을 듣지 않으면 공격하라는 방침이 있었거든. 그러자 운요호에서도 대포를 마구 쏘아 댔지. 이게 '운요호 사건'이야.

일본이 그 당시 사건의 진상과 책임을 묻겠다며 반년 만에 전함 여섯 척을 앞세워 강화도에 나타난 거지. 한 대 얻어터지는 척하면서 돌아갔다가 잔뜩 무장을 한 채 떼로 몰려온 셈이야.

우연을 가장한 침략 작전

일본이 군함을 몰고 온다는 소식이 한양에 전해지자 다시 한번 격렬한 논쟁이 벌어졌어. 어떤 친구들은 이렇게 질문할지도 모르겠네.

"병인양요와 신미양요처럼 또 싸워서 물리치면 되잖아요?"

그런데 그때하고는 상황이 좀 달라졌어. 개항을 절대적으로 거부하던 흥선 대원군이 집권 십 년 만에 밀려나고 말았거든. 그 후 조선 조정은 개항 쪽으로 방향을 바꾸었어. 그때 개항해야 한다고 고종을 끈질기게 설득한 인물이 박규수였지.

그럼 1876년, 강화도에 나타난 일본군은 무엇을 노리고 있었을까? 초대받지 않은 남의 집 마당에 제멋대로 불쑥 들어설 때는 뭔가 분명한 이유가 있었겠지. 뭐, 배운 게 도둑질이라고 이십여 년 전에 미국한테 강제로 개항당한 걸 그대로 따라 한 거야.

그때 미국의 페리 제독이 흑선에서 대포를 펑펑 쏘아 대면서 일본을 강제로 개항시켰거든. 개항과 동시에 미국에 유리한 쪽으로 조약도 맺었고. 그러니까 일본은 자기들이 당한 그대로, 아니 어쩌면 더 악랄하게 따라 하기로 마음먹고 실행에 옮기려는 거였어.

일본이 강화도에 나타난 배경에는 '정한론'이 자리 잡고 있어. 한마디로 '한반도를 정벌하자'는 주장인데, 그 무렵 일본에서 강력하게 제기되었지.

1860년에 제2차 아편 전쟁이 끝나면서 청나라는 두만강 건너 연해주를 러시아에 빼앗기고 말았어. 그만큼 러시아가 조선 쪽으로 성큼

다가온 셈이야. 일본은 마음이 급해졌지. 대륙으로 진출하려면 조선을 꼭 거쳐야 하는데, 행여나 조선을 러시아에 빼앗기게 될까 봐 안달이 났던 거야. 그러니 '우리가 먼저 조선을 정복하자'는 주장에 힘이 실릴 수밖에.

일본은 치밀하게 조선 침략 계획을 세웠어. 그러니까 운요호 사건은 우연히 발생한 두 나라 사이의 충돌이 아니라, 일본이 오랜 시간 공을 들여 기획한 침략 작전이었던 셈이지.

무력시위에 나선 일본

강화도 연무당에서 조선과 일본 대표단 사이에 협상이 시작되었어. 일본 대표는 운요호 사건부터 꺼내 들었지.

"조선은 어찌하여 일본기를 단 운요호를 먼저 공격했소?"

그러자 조선 대표가 반박했어.

"일본 깃발은 보지 못했소. 접근하지 말라는 경고를 무시하니, 자위권 차원에서 대포를 쏘게 된 거 아니오?"

그런데 바로 다음 날, 일본이 본색을 드러냈지.

"거두절미하고, 일본과 조선 두 나라 간의 조약을 맺읍시다."

일본 대표를 잘 대접해서 돌려보내라는 말만 듣고 협상을 시작한 조선 대표는 순간 벙 쪘지.

"갑자기 조약이라니요?"

　그러는 동안, 일본은 어처구니없는 일을 벌였어. 바다에 떠 있는 전
함에서 대포를 쏘며 긴장감을 조성하질 않나, 회담장을 무장한 일본
군인들로 에워싸질 않나……. 가장 무시무시한 건 조선군 훈련장을
빼앗아서 한 사격 연습이었지. 최신식 무기인 기관총을 마구 쏘아 댔
거든. 일본군이 드르르륵, 하며 총을 쏘자 기관총을 처음 보는 조선
대표단은 뒤로 나자빠질 지경이었다나?

　일본은 협상을 유리하게 이끌기 위해 무력시위를 벌이면서 13개
항이 적힌 조약서에 서명하라고 압박했어. 서명을 빨리 하지 않으면
더 많은 함대를 불러 전쟁도 불사하겠다며 공갈 협박을 했지.

　결국 조선 대표는 십여 일 만에 울며 고추냉이 먹는 심정으로 일본

과 조약을 맺었어. 이것이 바로 조선을 개항하게 만든 최초의 근대적 조약이자 불평등한 조약이면서, 훗날 조선의 문을 닫게 만드는 시작점이 된 '조일수호조규'야. 우리에게는 '강화도 조약'이라는 이름으로 더 잘 알려져 있지.

불평등한 강화도 조약의 내용

조약의 내용을 살펴보면 언뜻 괜찮아 보이는 말도 꽤 있어.

조선은 자주국이며 일본과 평등하다.

어때, 하나의 독립된 국가로 인정하는 거니까 나쁠 거 없어 보이지? 그런데 일본의 속셈은 다른 데 있었어. 그때는 청나라의 입김이 조선에 아주 세게 작용하고 있었거든. 그러니 위의 문구는 조선을 자주독립 국가로 인정하는 게 아니라, 더 이상 청나라의 속국이 아니니 앞으로 신경 끄라는 데 초점이 맞춰져 있는 거야.

조선은 자주국이다. (그러니 청나라 대신 일본이 먹겠다.)

사실은 괄호 안의 속마음이 일본의 꿍꿍이였어. 이외에도 '조선과 일본인이 자유롭게 왕래하게 하자'라는 내용도 있었는데, 이건 두 나라 상인들이 서로 장사하는 걸 허락한다는 뜻이야.

그 바람에 조선에서 생산한 곡물이 싼 가격에 일본으로 수출되었고, 대량 생산된 일본의 공산품이 조선으로 쏟아져 들어오게 되었지. 결국 조선의 수공업은 강제로 문을 닫을 수밖에 없었고, 그만큼 백성들의 삶은 피폐해졌어.

또 일본인이 조선에서 죄를 지어도 조선 관청에서 재판하지 않고 일본인이 재판을 하는 '치외 법권'을 인정하는 조항에다, 일본 배가 조

여기서 잠깐!

강화도 조약에서 활약(?)한 역관 오경석

강화도 조약은 일본에 의해 강제로 맺은 조약이라고 알려져 있지만, 이 조약을 체결할 때 찬성한 사람도 있었다. 흥선 대원군이 물러난 뒤, 개항을 해야 한다고 목소리 높여 고종을 설득한 박규수가 대표적이다. 박규수, 유홍기, 오경석을 가리켜 '대표 개화파 삼인방'이라 부르는데, 이 중 오경석은 강화도 조약을 맺을 때 직접 나서서 활약을 하기도 했다.

오경석은 역관(오늘날의 통·번역사)으로 일하며 아편 전쟁 이후 청나라의 참상을 두 눈으로 직접 보았다. 조선이 빨리 개항하지 않으면 똑같은 꼴이 날 거라고 생각해 개항을 강력하게 주장한 것으로 유명하다. 그가 조선과 일본 대표단의 협상에서 통역과 조약 문서의 번역을 맡았는데, 강화도 조약의 문구를 애매하게 만들어 훗날 일본이 자기 식대로 해석하는 빌미를 주었다고 비판받는다. 물론 그렇게 한 데는 나름의 이유가 있었다. 개화 사상가인 그가 볼 때 외척이 권력을 틀어쥐고 있는 상황에서 조선 조정은 일본과 맞서 싸울 힘도, 의지도 없어 보였다. 그러니 대책 없이 그저 버티기만 하다가 전쟁이라도 나면, 청나라보다 더 험한 꼴을 보게 될지도 모른다는 걱정이 앞섰던 것이다. 오경석은 하루라도 빨리 일본이든 미국이든 강제로라도 개항을 해서 조선이 부국강병의 길을 모색해야 한다고 여겼다.

선 해안을 자유롭게 측량할 수 있도록 허락하는 내용도 담겨 있었지. 조선 법에 구애받지 않으면서 우리 영토 구석구석을 탐사해 본격적인 침략의 발판을 마련하겠다는 의도였던 거야.

그러니까 강화도 조약은 조선에는 하나도 이득이 되지 않고, 일본에게는 조선 침략 계획의 첫 단추를 훌륭하게 채운 조약이었지.

개화기를 뒤흔든 임오군란과 갑신정변

강화도 조약을 맺은 후, 조선 조정은 개화 정책을 추진하기 시작했어. 우선 청나라 제도를 모방해 조정의 실무를 담당하던 육조를 고쳐 '통리기무아문'을 설치했지. 무슨 말인지 당최 모르겠다고?

사실 알고 보면 간단해. 한자로 기무는 사무, 아문은 관청을 가리켜. 그러니 통리기무아문은 '각종 사무를 맡아하는 관청'이란 뜻이야. 통리기무아문은 먼저 '별기군'이라는 신식 군대를 만들었어. 국방력부터 키우려 한 거지.

별기군은 일본 교관으로부터 근대식 훈련을 받았을 뿐 아니라 구식 군인들보다 월급을 더 많이 받았어. 당연히 그동안 고생해 온 구식 군인들의 불만이 커져 갔지. 엎친 데 덮친 격으로, 하필이면 이 시기에 구식 군인들을 분노하게 만드는 사건이 발생하고 말았지 뭐야.

차별 대우에 들고일어난 구식 군인들

그 무렵, 조선 조정은 무척 혼란스러웠어. 권력을 쥔 명성 황후와 민씨 일가가 돈이 되는 일이라면 뭐든 저지르고 있었거든. 심지어 관직까지 사고팔았다니까. 비싼 값을 치르고 관직을 산 사람들이 무슨 생각을 하겠어? 당연히 본전 생각부터 나겠지?

그런 식으로 관리가 된 사람들이 크고 작은 비리를 저지르다 보니, 일개 군인들한테까지 영향을 미치게 되었어. 위에서부터 떼어먹고 또 떼어먹느라 구식 군인들에게 월급으로 줘야 할 쌀이 일 년 넘게 밀리게 된 거야. 게다가 밀리고 밀리던 쌀을 막상 받아서 보니, 기가 막혀서 입이 다물어지지 않을 지경이었지. 글쎄, 하다 하다 이젠 먹는 것에까지 장난을 쳤지 뭐야?

"아니, 이게 무엇이오? 쌀 반, 모래 반 아닌가!"

1882년, 분노한 구식 군인들이 손에 무기를 들고 일어섰어.

"민씨 일가를 척살하자!"

구식 군인들은 별기군을 만든 명성 황후의 친척 오빠 민겸호의 집으로 내달렸어. 결국 민겸호는 성난 군인들한테 무참하게 살해당하고 말았지. 그렇게 들고일어난 군인들 무리에 먹고살기 힘든 백성들

이 가세하면서 사태는 걷잡을 수 없을 정도로 커졌어. 들불처럼 일어
난 성난 무리는 무서운 강물이 되어 마침내 경복궁으로 흘러들었지.

"이 모든 게 외척을 이용해 권력을 좌지우지하는 중전 민씨 때문이
다. 어서 찾아내 죽여라!"

그때 명성 황후는 무관인 홍계훈의 도움으로 가까스로 궁궐을 빠져
나갔어. 고종은 사태를 수습하기 위해 십 년 동안 골방에 갇혀 지내던
흥선 대원군을 부랴부랴 궁궐로 다시 불러들였지.

십 년 만에 정계에 복귀한 흥선 대원군! 하지만 그는 혼란을 수습할

틈도 없이 더 큰 시련을 당하게 돼. 사연인즉, 명성 황후가 난을 수습하기 위해 청나라에 군대를 요청한 거야. 그러자 신이 나서 조선에 들어온 청나라 군대가 임오군란의 책임을 묻는다면서, 애꿎게도 흥선 대원군을 청나라로 끌고 가 버렸거든.

임오군란은 갑신정변을 낳고

명성 황후의 부탁을 받고 조선에 들어온 청나라 군대는 돌아갈 생각이 없다는 듯 그대로 조선에 눌러앉았어. 그러면서 조선 조정이 하는 일에 감 놔라 배 놔라 간섭을 해 댔지. 이 기회에 조선을 아예 청나라 속국으로 만들어 버리겠다고 떠들어 대면서 말이야. 이 틈에 청나라를 등에 업은 명성 황후 세력이 다시 조정의 권력을 장악했어.

이런 상황을 분노 어린 시선으로 쳐다보는 세력이 있었는데……. 바로 개화파들이야. 청나라가 노골적으로 내정을 간섭하는 데다 명성 황후 세력이 개혁을 방해하자, 이들은 비상수단을 써서라도 청나라를 몰아내고 제대로 된 개혁을 해야겠다고 마음먹었어.

하지만 그들이 마음먹은 대로 일이 잘 돌아가지 않았지. 명성 황후 세력이 이 핑계 저 핑계를 대면서 개혁을 계속 미루었거든. 오히려 이 참에 김옥균 등 급진 개화파를 제거하려는 계획을 꾸몄어. 그러던 차에 개화파에게 뜻밖의 기회가 찾아온 거야.

1884년 봄, 베트남에서 청나라와 프랑스가 맞붙었어. 인도에서 영국에게 밀려난 프랑스가 동쪽으로 눈을 돌려 군침을 흘리던 참에 베트남을 두고 청나라와 맞붙게 된 거지. 전세가 불리해진 청나라는 조선에 머물던 군대의 절반을 베트남으로 이동시켰어.

'이때다!'

김옥균은 드디어 기회가 왔다고 판단했어. 청나라의 영향력이 약해졌을때 거사를 단행하기로 한 거지. 이 거사 계획을 일본 공사인 다케조에에게 넌지시 알렸고, 다케조에는 개화파를 기꺼이 돕겠다고 약속했어. 거사는 우편 업무를 취급하는 우정총국 개국식 축하연에서 실행하기로 했지.

'녀석들, 맛 좀 봐라!'

축하 잔치가 무르익을 무렵, 우정총국 밖에서 불길이 타올랐어. 그걸 신호로 개화파가 우르르 들이닥쳤지. 이때 명성 황후 세력의 우두머리 격인 민영익이 도망치다가 칼에 맞아 쓰러졌어. 아, 죽지는 않았어. 미국인 선교사 알렌의 치료를 받고 가까스로 목숨을 건졌거든.

아무튼 김옥균은 거사를 일으킨 뒤 창덕궁으로 달려가 고종에게 보고를 했어.

"청나라 군대가 침입했습니다. 이곳은 위험하니 경우궁으로 거처를 옮기시옵소서."

머릿수가 적은 개화파로서는 드넓은 창덕궁에서 청나라 군대와 맞서 싸울 방법이 없었어. 그러니 규모가 작은 경우궁에 왕을 모셔 두는 편이 방어하기에 훨씬 유리했거든.

개화를 방해하는 수구파를 처단하라!

경우궁으로 왕의 거처를 옮기기 전, 김옥균은 왕명을 받고 입궐한 수구파 대신들을 가차 없이 처단해 버렸어. 고종은 개화파의 서슬 퍼런 협박에 어찌할 수 없이 명성 황후와 함께 경우궁으로 향했지.

다음 날 김옥균은 정부의 중요한 자리에 개화파 인사들을 앉히고 개혁안을 발표했어.

청에 대한 조공을 철회하고 자주적인 나라를 만든다. 문벌을 폐지하고 인민이 평등한 나라를 만든다. 임금은 정치 일선에서 물러나고 내각이 정치를 담당한다!

개화파의 운명은 여기까지!

명성 황후가 돌아가는 꼴을 가만히 살펴보니, 이건 청나라가 일으킨 소동이 아니라 김옥균 등 개화파가 일으킨 정변이야. 그래서 이번에도 임오군란 때처럼 청군 찬스를 썼지. 고종과 명성 황후는 경우궁이 좁다고 불평을 해서 창덕궁으로 이미 돌아가 있는 상황이었어. 일본 공사 다케조에가 청나라 군대쯤은 충분히 막을 수 있다고 큰소리 뻥뻥 쳤던 게 급진 개화파의 판단을 흐리게 했던 걸까?

정변이 일어난 지 삼 일째 되던 날, 청나라 군대가 창덕궁으로 밀어닥쳤어. 몇 안 되는 개화파 군사만으로는 청나라 군대를 막기엔 역부족이었지. 일본군은 전세가 불리해 보이자 순식간에 퇴각해 버렸고.

개화파의 운명은 여기까지인가! 고작 삼 일 만에 김옥균은 박영효, 서광범, 서재필과 함께 일본 공사관으로 피신한 뒤 제물포에서 배를 타고 일본으로 도망쳤어.

이것으로 청나라의 영향력에서 벗어나 조선을 자주적인 나라로 만들고, 명성 황후 세력을 몰아내어 제대로 된 개혁을 이루고, 조선을 서구처럼 부강한 나라로 만들어 보겠다던 개화파 젊은이들의 꿈은 꺾이고 말았지.

참 딱한 일이야. 청나라 군대의 반격에 대한 대비가 어찌 그리 허술했던지……. 게다가 어떻게든 조선의 힘을 약하게 만들어 한 입에 집어 삼키려는 일본의 속셈을 눈치채지 못하고 그토록 의존을 했을까? 무엇보다 백성들의 지지를 이끌어 낼 만한 개혁안을 제시하지 못한 것이 가장 큰 실패 요인이었겠지만.

아무튼 갑신정변이 실패한 후, 세상은 다시 명성 황후와 그 일당이 쥐락펴락하게 되었어. 그 엄청난 소용돌이를 겪고도 변한 건 아무것도 없었지.

갑신정변과 톈진 조약

김옥균과 급진 개화파가 일으킨 갑신정변을 일컫는 말이 하나 더 있다. 바로 '삼일천하'다. 정권을 잡은 지 겨우 삼 일 만에 실패했기 때문이다. 개화파는 짧다면 짧은 그 삼 일 동안, 14개에 달하는 개혁안을 발표하고 관리들을 물갈이하는 등 파격적인 조치를 취했다. 개혁안에는 '청에 대한 조공의 허례를 폐지한다.', '문벌을 폐지하고 평등한 인민들 사이에서 능력에 따라 관리를 임명한다.', '탐관오리 중에서 죄가 심한 자를 처벌한다.', '의정부와 육조 외 필요 없는 관청은 없앤다.' 등 근대 국가로 발돋움하는 조항들이 여럿 포함되어 있었다.

하지만 정변의 과정은 영 마뜩지 않았다. 임금을 협박하고 반대파를 마구 살해하는 바람에 관리들의 협조를 얻지 못한 데다 백성들의 반감이 높은 일본에 의지했으며, 갑작스런 거사로 민심을 얻지 못해서 결국 처참하게 실패하고 말았다. 갑신정변이 실패로 끝나면서, 개화파의 바람과는 정반대의 현상이 나타났다. 청나라의 입김이 더욱 세졌고, 개화 사상에 대한 백성들의 불신이 더욱 커졌다.

한편, 일본은 프랑스와의 전쟁으로 정신이 없는 청나라를 구슬려 '톈진 조약'을 맺는데, 청나라나 일본에서 조선에 군대를 파견할 때는 반드시 상대에게 알린다는 내용을 담고 있었다. 조선의 허가 없이 맺어진 이 톈진 조약은 훗날 청일 전쟁이 일어나는 도화선이 되었다.

청나라의 양무운동과 일본의 메이지 유신
… 조선, 어느 쪽을 벤치마킹할 것인가 …

강화도 조약으로 나라의 문을 연 후, 조선에서는 개혁의 방향을 둘러싸고 시시때때로 논쟁이 벌어졌다. '무엇을 어떻게 개혁해야 하는가?'라는 질문에 답을 찾기 위해서였다.

조선이 개혁의 필요성을 절실히 느끼기 시작할 무렵, 청나라와 일본은 이미 개혁 프로그램을 한창 가동 중이었다. 청나라의 '양무운동'과 일본의 '메이지 유신'이 그것이다. 따라 할 수 있는 개혁 모델이 둘이라는 건 긍정적이기도 하지만 갈등의 원인이 되기도 했다. 청나라와 일본 편으로 나뉘어 끝도 없이 대립하게 되었기 때문이다.

조선이 어떤 모델을 따르는 게 더 옳았는지를 따지는 건 무의미한 일이다. 둘 사이에서 갈팡질팡하다가 어느 한쪽도 실행에 옮기지 못했으니까 말이다.

서양의 신식 기술만 배우자, 양무운동

먼저 청의 양무운동부터 살펴보자. 한마디로 청나라 말기에 서양식의 근대화를 추구한 개혁 운동이다. 양무운동을 벌이게 된 배경에는 결정적인 전쟁이 자리하고 있다.

청나라는 1840년부터 두 차례에 걸쳐 영국과 큰 전쟁을 치렀다. 그 유명한 '아편 전쟁'이다. 이 전쟁에서 크게 패한 청나라는 영국에 다섯 개 항구를 개방하고, 홍콩을 할양하는 등 불평등한 조약을 맺는다. 껍데기는 남아 있으나 알맹이는 죄다 빼앗겨 반식민지 상태가 되어 버린 셈이다.

서양 무기의 우수성을 뼈 저리게 느낀 청나라 사람들은 적에게서라도 배워야 한다고 목소리를 높이기 시작했다. 그래서 청나라 관료 주도로 개혁을 추진하게 되는데, 이 개혁 운동이 바로 양무운동이다. 양무운동은 서양의 무기 등을 도입해 부국강병을 추진하자는 게 핵심이었다. 즉 서양식 무기 만드는 기술을 배우고, 전함 만드는 공장을 세우고, 근대식 교육 제도를 도입하는 것이다.

그런데 서양을 모방해 기술을 배워 실력을 키우려는 양무운동에는 한 가지 문제점이 있었다. 체제 자체를 서구식으로 바꾸려는 운동은 아니라는 점이다. 말하자면 중국 전통의 유교적 가치와 문화는 지키면서 서양의 무기와 군사 기술만 배우려는 부분적인 개혁인 셈이다. 이를 '중체서용(中體西用)'이라고 부르는데, 서양의 기술뿐 아니라 정신까지 모조리 배우려 한 일본의 '메이지 유신'과 대비되는 부분이다.

서양의 모든 체제를 받아들이자, 메이지 유신

청나라가 양무운동으로 개혁을 진행할 때, 일본에도 한 차례 위기가 찾아왔다. 1854년, 미군 제독 페리가 이끄는 함선이 도쿄만에 나타난 것이다. 일본은 미국의 위협에 굴복해 문호를 개방하고, 미국에 특별한 혜택을 주는 '미일화친조약'을 맺는다.

일본에서도 곧 개혁을 둘러싼 갈등이 발생한다. 도쿄를 중심으로 한 에도 막부에 반감을 가진 지방 영주들이 미국에 굴복한 책임을 물으며 막부 타도 투쟁에 나선 것이다. 이들은 서양 세력을 몰아내고 이름뿐이었던 천황을 일본의 통치자로 세우자는 '존왕양이(尊王攘夷)' 운동을 전개한다.

이런 갈등 속에서 이백육십여 년 동안 유지되어 온 에도 막부가 무너지고 천황이 실질적인 통치자 자리에 오르면서 메이지 정권이 들어선다. 권력을 장악한 메이지 정권은 청나라의 양무운동과 마찬가지로 서양식 근대화를 추진한다. 하지만 앞서 말한 대로 여기에는 뚜렷한 차이점이 있었다. 청나라와 달리, 일본은 서양의 모든 체제를 다 받아들이기로 한 것이다.

1868년 일본의 메이지 유신이 시작되었다. 목표는 국가 주도의 개혁이었다. 지방을 다스리던 영주를 전부 없애고 행정 단위를 현으로 바꾸어 강력한 중앙 집권 체제를 마련했으며, 신분제를 폐지하고, 근대적인 교육 제도와 철도·전신 등 첨단 설비를 들여왔다. 또 유능한 젊은 관리들을 유럽과 미국에 보내 서양 문물을 보고 배워 오게 한다.

메이지 유신의 정신적 바탕을 마련한 후쿠자와 유기치는 '탈아입구(脫亞入歐)'라는 목표를 제시했다. 이는 '근대화를 이루어 아시아를 벗어나 유럽처럼 되자.'는 것이었다. 일본은 메이지 유신을 통해 그들의 목표에 점점 더 근접해 갔다. 타이완을 침공해 차지하고 오키나와를 강제로 편입한 것도 이 무렵이다.

조선은 청나라의 양무운동과 일본의 메이지 유신 사이에서 어느 쪽을

일본군 병사가 도망치는 청나라 군대를 뒤쫓고 있다. 청일 전쟁으로 양무운동과 메이지 유신의 개혁 성과가 뚜렷한 차이를 보이게 된다. 일본에서 1894년에 그린 우키요에(풍속화)이다. ©암스테르담 국립 미술관

모델로 삼을 것인지를 놓고 오랜 시간 갈등을 겪는다. 과연 조선은 어떤 선택을 하는 게 유리할까? 정답은 없지만 결과는 알 수 있다.

1894년, 양무운동으로 힘을 키운 청나라와 메이지 유신으로 개혁을 마친 일본이 마치 그 결과물을 시험이라도 하는 듯 서로 맞붙는다. 그것도 자기네 나라가 아닌 조선 땅에서! 청일 전쟁이 발발한 것이다. 결과는 일본의 일방적인 승리로 끝나 버린다.

그후 청나라 내부에서 양무운동은 실패라는 평가가 나왔고, 일본처럼 법과 제도까지 다 바꾸자는 '변법자강 운동'이 일어난다. 반면에 일본은 자신들의 부국강병을 체감하며 자신감을 드높인다. 이를 바탕으로 조선을 삼키려는 계획은 더욱더 노골적으로 진행된다. 일본의 성공이 조선에겐 곧 불행이었다.

민중으로부터의 개혁, 동학 농민 운동

임오군란에서 갑신정변까지, 혼자서 북 치고 장구 치고 하려니 꽤 힘드네. 근데 내가 왜 이러고 있지? 내 눈을 피해 어딘가에서 놀고 있는 알파봇을 놔두고서 말이야.

"알파봇!"

"여기는 알파봇! 말하라, 오버."

"임무 마쳤으면 빨리빨리 돌아와야지. 지금 어디서 뭐 하고 있는 거야? 그리고 말투는 갑자기 왜 그래?"

"현재 전주성이다, 오버."

"전주성? 갑자기 왜 전주성이야?"

"임오군란과 갑신정변, 그다음은 이거다 싶어서 왔다, 오버."

"그럼 혹시 1894년의 전주성?"

"그렇다! 지금 동학 농민군과 함께하는 중이다, 오버."

"역시, 이러니 너를 구글과도 바꾸지 않겠다고 하는 거야. 잘했어, 알파봇! 동학 농민 운동은 조선의 운명과 동아시아의 패권을 바꾼 아주 중요한 사건이니까 처절하게, 아니 철저하게 조사해서 보고하도록 해. 그럼 동학 농민 운동의 현장으로 출발!"

부패한 관리를 처단하고 백성을 구하자!

저는 지금 1894년의 전주성 앞에 나와 있습니다. 동학 농민군이 벌이는 전쟁에 함께하고 있는데요. 그간의 상황을 네 단계로 요약해 말씀드리겠습니다.

준비 단계 : 동학사상이 널리 전파되다

조선 후기, 세도 정치로 백성들의 삶이 점점 피폐해졌어요. 게다가 외국 세력들이 호시탐탐 조선을 넘보면서 사회적으로도 무척 불안했지요. 그러던 1860년, 최제우라는 사람이 '동학'을 창시했어요. 최제우는 모든 백성은 평등하다고 하면서, 잘못된 사회를 우리 스스로 개혁해야 한다고 주장했지요. 백성들의 마음이 동학으로 쏠릴 수밖에요. 동학사상은 곧 여러 고을로 빠르게 퍼져 나갔답니다.

1단계 : 고부 관아 습격

1894년 음력 1월, 전라도 고부에서 탐관오리의 대명사인 조병갑의 수탈을 견디다 못한 농민들이 들고일어나 고부 관아를 습격했어요. 군수인 조병갑에게 두 차례나 사정을 호소했지만 콧방귀도 뀌지 않았거든요. 그래서 동학교도인 전봉준을 중심으로 뭉쳐서 봉기를 한 거예요. 수탈의 주범인 조병갑은 잽싸게 도망가고 없었지만, 농민군은 아전들을 혼내 주고 창고를 털어 곡식을 어려운 백성들에게 고루 나누어 주었어요. 이때 소식을 들은 조정에서 농민들을 달래기 위해 안핵사를 파견했다고 합니다! 아니, 근데 그자가 농민들 요구를 들어주겠다더니만 외려 동학 교도들을 잡아다 고문을 했다네요?

2단계 : 백산 봉기

조정의 처사에 격분한 전봉준, 손화중, 김개남 등이 다시 농민들을 모집해 전라도 고창의 무장에서 깃발을 들었어요. 본격적으로 '동학 농민군'이 봉기한 거예요. 농민군의 대장으로 추대된 전봉준은 백산에 농민군을 총집결시킨 뒤, 전주성을 점령하기 위한 행동을 개시했어요. 농민군의 원대한 목표는 한양으로 쳐들어가 부패한 고관대작을 쓸어 버리고 나라를 바로 세우는 것이었답니다. 슬로건은 '보국안민(輔國安民), 제폭구민(除暴救民)'이었어요. '나라를 돕고 백성을 편안하게 하며, 폭정을 제거해 백성을 구한다.'는 뜻이었지요.

3단계 : 전주성 점령

농민군은 황토현 전투와 황룡촌 전투에서 잇따라 관군을 대파하며 전주성으로 진군했어요. 그리고 봉기한 지 한 달여 만에 마침내 전주성을 점령했답니다! 전주성을 지키던 관군들이 동학 농민군의 기세에 눌려 황급히 도망쳐 버렸다나요?

여기까지, 동학 농민군이 대대적으로 봉기하여 전주성을 점령한 이야기였습니다.

외국 군대를 끌어들여 우리 백성을 공격한다고?

저는 지금 동학 농민군의 총사령관인 녹두장군 전봉준과 함께하고 있습니다. 아, 방금 조정 측과 전투를 중지하는 화약을 맺기로 했다는 따끈따끈한 소식이 들어와서 전해 드립니다! 유리한 입장에 선 동학 농민군이 전투를 그만하기로 한 이유는 청나라 군대와 일본 군대가 조선에 들어와 백성들을 위협하고 있기 때문입니다.

갑자기 외국 군대가 어디서 솟아난 거냐고요? 동학 농민군의 기세가 드높아지자 글쎄, 조정에서 청나라에 군대를 요청했다지 뭐예요. 외국 군대를 불러다 자기네 백성을 공격하라고 하다니, 정말이지 기가 막힐 노릇이네요.

아무튼 청나라 군대가 조선에 들어오자 곧이어 일본 군대도 뒤따라 들어왔어요. 갑신정변이 끝나고 청나라와 일본이 맺은 '톈진 조약' 기억나시나요? 두 나라 중 한 나라가 조선에 출병하면, 상대방에 알려야 한다고 했던 거…….

전봉준은 이러다 조선이 양국의 전쟁터가 될지도 모른다는 우려스런 마음이 들어서 농민군을 해산하기로 결정한 거예요. 대신에 전주 화약을 맺으면서 조정에 신분제 및 각종 세금 폐지, 과부의 재가 허용 등의 개혁안을 받아들이라고 요구했지요. 다행히 조정에서 그 개혁안을 모두 받아들이기로 했다는군요.

농민군은 전라도 각 고을에 '집강소'를 설치하고 있습니다. 집강소는 관청과 백성이 함께 행정을 처리하는 연합 자치기구예요. 앞으로 여기서 농민을 위한 각종 개혁을 진행할 예정이랍니다. 지금 녹두장군 전봉준을 호위하며 집강소를 둘러보고 있는데요……. 앗! 대체 무슨 일일까요? 속보가 연달아 들어오고 있습니다.

속보 1 : 일본군, 경복궁 기습 점령 후 친일 내각 구성!

속보 2 : 일본군, 황해 풍도에서 청나라군 군함에 포격. 청일 전쟁 발발!

모두 일어나 왜적을 몰아내자!

일본군의 만행에 분노한 녹두장군 전봉준은 급히 지휘부를 소집합니다.

"왜적이 궁궐에 침입한 것도 어처구니없는 일이거니와, 우리 땅에서 청나라와 전쟁을 벌이고 있으니 참으로 통탄한 일이다. 농민군은 모두 일어나 왜적을 물리치자!"

동학 농민군이 속속 논산으로 집결하고 있습니다. 공주성을 점령한 뒤 서울로 밀고 올라갈 계획입니다. 이번 봉기에는 지난 전주성 점령 때 합류하지 않았던 북접 동학군도 함께하기로 결정했습니다. 충청도 지역에서 활약하던 동학 교도를 북접, 전라도 지역에서 활약하던 동학 교도를 남접이라고 부른다네요. 농민군의 구호도 1차 봉기 때와 달라졌습니다. 이번에는 서양 오랑캐와 왜적을 몰아내자며 '척양척왜

(斥洋斥倭)'를 내걸었거든요.

말씀드리는 순간, 동학 농민군이 공주성을 향해 힘차게 나아갑니다. 들판이 온통 흰옷 입은 전사들로 물들어 장관을 이루고 있습니다. 우렁찬 함성과 외침! 이 기세라면 단숨에 공주성을 넘어 한양으로 진격할 것 같습니다. 마침내 공주로 들어가는 길목인 우금치 마루 아래 당도합니다. 전봉준이 농민군을 향해 외칩니다.

"최후의 일인까지, 최후의 일각까지 싸워서 왜적을 몰아내자!"

천둥과 같은 함성이 우금치에 울려 퍼지는 가운데, 농민군의 총공세가 시작됐습니다. 아……, 그런데 이게 웬일인가요? 앞장서던 농민군들이 픽픽 쓰러지기 시작합니다. 그 숫자가 엄청납니다. 고갯마루 양편에서 최신식 무기인 기관총으로 사격하는 일본군에 속수무책으로 당하고 맙니다. 쓰러지고, 후퇴하고, 전열을 가다듬고, 다시 공격하고, 이러기를 수차례, 그때마다 만 명에 달하던 농민군이 천 명으로, 급기야 수백 명으로 줄어듭니다. 우금치 마루로 향하는 길엔 농민군 시체가 산처럼 쌓이고, 흐르는 피가 내를 이룰 지경입니다.

아, 최신 무기 앞에서는 의지만으로 버틸 수가 없나 봅니다. 전봉준은 할 수 없이 퇴각 명령을 내립니다. 복사꽃 흐드러지게 피어난 초봄에 시작된 동학 농민군의 항거가 늦가을 낙엽처럼 힘없이 스러지고 맙니다.

아이코, 날아오는 총탄 때문에 저도 더 이상 여기 있을 수가 없을 것 같습니다. 지금까지 동학 농민 운동의 현장에서……, 억!

"알파봇! 무슨 일이야? 알파봇, 너 왜 그래?"

갑자기 중계가 끊어졌네. 이 일을 어쩐다? 제발 알파봇이 무사해야 할 텐데. 직접 찾아갈 수도 없고……. 어쩌지?

그래도 마무리는 해야지. 알파봇의 활약 덕에 동학 농민 운동의 여정을 잘 살펴보았어. 동학 농민 운동은 우리나라 역사에서 무척 중요한 의미를 갖고 있어. 갑신정변이 관직에 오른 지식인 정치인들이 주도한 위로부터의 개혁이라면, 동학 농민 운동은 민중들이 자발적으로 일으킨 아래로부터의 개혁이라 할 수 있거든.

비록 실패로 끝나긴 했지만 농민들이 요구한 신분제 철폐 등 여러 개혁안이 갑오개혁 때 반영되었어. 엄청난 희생을 치르고 거둔 나름의 성과라고 할 수 있지. 물론 여기서 끝이 아니야. 동학 농민군의 저항 정신은 항일 의병 운동과 일제 강점기 독립운동으로 계속 이어지게 되니까.

그나저나 알파봇이 걱정이네. 최신식 로봇이니까 별일은 없겠지만……. 동학 농민 운동 다음에 독립 협회 활동까지 취재하라고 할 생각이었는데, 이를 어쩐다?

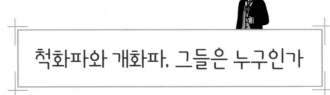

척화파와 개화파, 그들은 누구인가

　지금까지 강화도 조약 이후 척화파와 개화파가 대립하다 일어난 사건, 그리고 그 속에서 백성들 스스로 일어난 개혁의 움직임까지 살펴보았어.

　이번에는 척화파와 개화파가 어디서 비롯되었는지, 그리고 그들의 생각과 의지가 최후에는 어떻게 되었는지 알아보도록 할까? 그래야 어느 쪽 주장이 조선에 좀 더 도움이 되었는지 판단해 볼 수 있을 테니까. 앞서 살펴본 사건들도 더 잘 이해할 수 있을 테고. 그럼 척화파부터 시작해 볼까?

위정척사에 뿌리를 둔 척화파

척화파의 뿌리는 '위정척사'에서 비롯되었어. 위정척사란 바른 학문인 성리학을 지키고(위정), 성리학 이외의 사악한 학문과 종교는 배척한다(척사)는 뜻이야. 위정척사에 바탕을 둔 척화 운동은 1800년대 중반부터 도드라졌지.

이보다 앞선 1700년대 중반, 그러니까 조선 후기에 들어서면서 천주교가 조선에 전해졌어. 위정척사를 주장하던 유학자들은 천주교를 탄압하라며 매일같이 상소를 올렸지. 왜냐고? 하느님 아래 임금님 포함 모든 사람이 평등하다는 게 천주교의 교리였거든. 임금을 보필하는 양반 계급인 유학자들로서는 신분제의 해체를 쉽게 받아들일 수 없었던 거야.

척화파와 천주교의 대립은 1860년대에 정치적으로 수세에 몰린 흥선 대원군이 대대적인 천주교 탄압에 나서면서 전환점을 맞게 돼. 1866년부터 몇 해에 걸쳐 천주교 신자 팔천여 명이 처형당했거든. 앞에서 프랑스 군함이 쳐들어왔던 병인양요 이야기 기억나지? 프랑스 신부들을 처형한 것에 대한 보복이었다고 했잖아. 지금 얘기하는 사건이 바로 그 병인양요의 원인을 제공한 병인박해였어.

이즈음 천주교 탄압 말고도 척화파가 주장한 게 또 있어. '통상' 반대! 그때 조선 해안에 서양 선박이 자주 출몰했는데, 대포를 쏘아 백성들에게 피해를 입히거나 왕족의 묘를 도굴했으니……, 척화파로서는 통상을 결사반대할 수밖에. 척화파의 통상 반대 운동은 흥선 대원군의 쇄국 정책과 맞아들면서 그런대로 성과를 거두었지.

　1870년대에는 나름 큰 변화를 맞이하게 돼. 흥선 대원군이 물러나고 권력을 잡은 고종은 아버지와 달리 개항을 추진했거든. 그러자 척화파가 강력하게 반대했지. 대표적인 인물이 아까 토론에 등장했던 최익현이야. 눈보라 휘날리는 광화문에서 도낏자루 등에 지고 개항 반대 상소를 올리다가 유배까지 간 인물이야.

　척화파의 주장은 명료했어. '준비 없이 나라의 문을 열면 백성의 삶

이 피폐해지고 나라가 망한다!'는 거였지. 하지만 척화파의 강력한 주장도 개항의 흐름을 막을 수는 없었어. 결국 조선은 일본과 강화도 조약을 맺어 나라의 문을 열게 되었고, 이후 서구 여러 나라들과 차례로 수교를 하게 되었거든.

개항 후 힘을 얻은 개화파는 여러 가지 정책을 펼치게 돼. 당연히 척화파는 사사건건 개화 정책에 반대하고 나섰지. 임진왜란을 일으켰던 철천지원수인 일본에다, 근본도 모르는 바다 건너 서양 오랑캐와 손을 잡는다는 건 곧 나라를 팔아먹는 일과 같다고 여겼으니까. 성리학을 공부한 유학자들은 대체로 비슷한 생각을 하고 있었어. 그러니 개화 정책을 추진하려는 고종과 개화파는 척화파의 눈치를 살필 수밖에 없었지. 한 번에 만 명이 모여서 반대 상소를 올렸거든. 어때, 대단하지?

항일 의병과 독립운동으로 이어지다

척화파의 개화 반대 운동은 1890년대에 들어서면서 의병 운동으로 발전했어. 일본의 강요에 의해 상투를 자르고 신식 머리 모양으로 바꾸라는 단발령이 내려지자, "뭐? 부모님이 물려 준 소중한 내 머리카락을 자르란 말이냐?"라고 하면서 격분에 차 전국 각지에서 의병이 일어난 거야.

척화파가 중심이 된 이 의병 운동은 십여 년 뒤 일본이 조선의 외교

당신들은
뉴규?

척화파는 위정척사에
뿌리를 두고 있어.
1860년대엔 천주교 박해,
1870년대엔 개항 반대,
1880년대엔 개화 반대를
거쳐서 항일 의병과
독립운동으로 발전했지.

개화파는 북학파가
그 뿌리야. 갑신정변을
시도했고, 갑오개혁과
을미개혁으로 신분 제도와
과거 제도를 철폐했어.
또한 독립 협회와
〈독립신문〉을 만들어 민중
계몽을 위해 노력했지.

권을 빼앗는 '을사늑약'을 체결할 때도 들불처럼 거세게 일어났어. 척화파의 활동은 개항 반대에서 개화 정책 반대로, 나아가 항일 의병 운동으로 발전해 간 셈이야.

척화 운동을 어떻게 정리하면 좋을까? 요약은 알파봇 녀석 특기인데, 아직도 소식이 없네……. 간단히 요약하면, 척화파는 여러 외국 세력이 조선을 호시탐탐 노리는 혼란기를 맞아 한뜻으로 조선 왕조를 지키고자 목숨까지 걸고 나선 사람들이었어.

여기서 잠깐!

개혁의 발목을 잡은 어두운 그림자, 수구파

척화파는 외국 세력을 배척하고 개화를 반대했다. 그래도 조선의 힘을 키우고자 하는 뚜렷한 목표가 있었다. 사실 변화의 시대에 조선을 힘들게 만든 세력은 따로 있었다. 바로 '수구파'로 불리는 사람들!

'수구'란 '옛 관습이나 제도를 지킨다'는 뜻이다. 얼핏 보면 척화파와 뜻을 같이하는 것 같지만, 자세히 뜯어보면 원하는 바가 전혀 달랐다. 수구파가 지키려는 건 전통보다는 기득권, 나라보다는 가문의 안녕이었다.

대표적으로 명성 황후의 외척인 민씨 일가를 들 수 있다. 이들은 매관매직을 통해 부를 축적하고, 온갖 부정을 저질러 백성을 힘들게 만들었다. 게다가 필요할 때마다 외세를 이용하고자 했다. 청나라를 등에 업었다가, 일본에 붙었다가, 러시아에 떼를 쓰는 등 돌려막기(?) 식으로 자신들의 권력을 지키려 안간힘을 썼다. 굳이 비유하자면 고려 말 원나라에 붙어 공민왕의 개혁을 좌절시켰던 부원 세력 같다고나 할까?

수구파는 임오군란, 갑신정변, 동학 농민 운동, 독립 협회 활동 등 조선이 새로운 나라로 나아갈 수 있었던 중요한 길목마다 자신들의 이익을 위해 개혁을 온몸으로 저지하며 조선의 근대화를 좌절시켰다.

물론 조선이 주체적으로 개혁을 하거나 근대 국가로 나아가는 데는 걸림돌이 된 게 맞아. 성리학의 틀에 갇혀 세계정세를 읽는 데 어두웠다고나 할까? 그렇지만 조선이 일본에 강제 병합된 뒤 국내외에서 누구보다 적극적으로 항일 독립 운동에 나섰던 것도 이들이었지. 애국심만은 조선 팔도를 통틀어 그 누구보다도 투철하지 않았을까 싶어.

실학사상에 뿌리를 둔 개화파

이제 개화파를 살펴봐야겠지? 개화파의 목표도 어찌 보면 단순하고 명쾌해. '개방과 개혁으로 나라를 부유하고 강하게 만들자!'거든. 정말로 이게 전부야.

개화파의 뿌리는 조선 후기 실학자들이라고 할 수 있어. 그중에서도 박지원, 박제가, 홍대용처럼 청나라의 신문물을 받아들여 조선을 부강한 나라로 만들자고 주장했던 '북학파'들을 첫 단추로 보기도 하지. 이들은 다른 나라와 적극적으로 통상해 상업을 발전시켜야 나라가 부강해진다고 주장했어.

이런 북학파의 사상을 이어받은 대표적인 사람이 박규수야. 《열하일기》를 쓴 박지원의 손자로, 1866년 대동강에 나타난 미국 상선 제너럴셔먼호를 불태운 평안도 관찰사 말이야. 1869년, 오늘날 서울 시장 격인 한성판윤이 되어 한양으로 돌아온 박규수는 역관 출신 오경석, 의관 유홍기 등과 함께 명망 있는 가문의 자제들을 불러 모아 개화사상을 전파했어. 김홍집, 김옥균, 유길준, 서광범, 박영효 등 아주 쟁쟁한 젊은이들이었다지?

개화파의 애국 계몽 정신을 이은 독립 협회

개화파는 박규수의 사랑방에 모여 함께 공부하며 뜻을 모았지만, 임오군란 이후 청나라 군대가 들어와 노골적으로 조선 내정에 간섭하는 걸 보면서 두 세력으로 나뉘게 돼. 김윤식과 어윤중 등 나이가 많은 개화파는 청나라에 우호적인 '온건 개화파'로, 그보다 젊은 김옥균, 홍영식, 서광범, 박영효, 서재필 등은 일본에 우호적인 '급진 개화파'로 갈라서거든.

온건 개화파와 급진 개화파

	온건 개화파	급진 개화파
속 도	천천히	빨리, 더 빨리
목 표	부분적인 개혁부터 시작!	바꿔, 모든 걸 다 바꿔!
모 델	(청나라) 양무운동	(일본) 메이지 유신
주요 인물	김윤식, 어윤중	김옥균, 홍영식, 서광범, 박영효
대표 사건	갑오개혁	갑신정변, 독립 협회

1884년에 수구파인 명성 황후와 민씨 세력이 개혁을 방해하자 갑신정변을 일으킨 세력은 급진 개화파야. 갑신정변이 삼일천하로 끝나 버리는 바람에 모두 역적이 되어 일본으로 도망가고 말았지. 여기까지가 초기 개화파의 활동이라고 할 수 있겠네.

개화파가 활약한 두 번째 시기는 1894년경 갑오개혁 때였어. 동학 농민 운동이 좌절된 뒤, 조선 조정에는 일본의 영향을 받는 친일 내각이 들어서게 되었지. 이때 일본으로 피신했던 급진 개화파가 대부분

여기서 잠깐!

독립 협회와 만민 공동회

독립 협회는 우리 역사 최초로 결성된 정치·사회 단체였다. 서재필이 독립 협회를 창립하고 가장 먼저 한 일은 청나라 사신을 맞이하던 모화관과 영은문을 헐고 그 자리에 독립문을 세우는 일이었다. 여기서 '독립'은 일본으로부터의 독립이 아니라 청나라로부터의 독립을 의미했다.

힘이 약해진 청나라는 곧 물러났지만, 외세가 다 사라진 건 아니었다. 조선을 두고 가장 심하게 다툰 건 일본과 러시아였다. 특히 고종이 러시아 공사관으로 피난을 간 '아관 파천' 사건 이후 러시아는 조선 침탈을 본격화했다. 그러자 독립 협회는 외세 침탈을 물리치기 위해 1898년 3월에 종로에서 '만민 공동회'를 열었다. 오늘날의 촛불 집회랑 비슷하다.

러시아를 규탄하는 만민 공동회의 기세가 어찌나 거셌던지 러시아가 한 발 물러설 정도였다고 한다. 이토록 강력한 지지를 받던 독립 협회가 수구 세력을 비판하고 나섰다. 수구파는 곧장 반격을 시작했다. 독립 협회가 고종을 내쫓고 다른 사람을 대통령에 앉히려 한다는 헛소문을 퍼뜨렸는데, 지레 겁을 먹은 고종이 무력으로 독립 협회를 해산시키고 만다. 동학 농민 운동이 일어났을 때 농민들의 개혁 요구는 뒷전으로 미루고 외려 청나라 군대를 불러들였던 것처럼 또 한 번 어처구니없는 선택을 한 셈이었다. 독립 협회가 해산된 후 개화파 중 일부는 독립 운동가가 되었지만, 박영효, 윤치호, 이완용 같은 이들은 친일파의 길을 걸었다.

돌아오게 돼.

이들은 약 이 년여에 걸쳐 개혁을 주도했는데, 이때 신분제가 철폐되어 노비가 해방되었어. 또 과거 제도 등 수많은 제도가 폐지되고 새로운 제도가 들어섰지. 물론 일본의 입김이 세게 작용한 개혁이라는 점은 잊지 말아야겠지만 말이야.

개화파가 마지막으로 빛을 발한 건 독립 협회 활동이었어. 갑신정변 때 일본으로 망명했다가 미국에서 공부하고 의사가 되어 돌아온 서재필은 민중이 지지하는 개혁만이 성공할 수 있다고 여겼어. 그러려면 어떻게 해야 할까? 민중에게 세상 돌아가는 사정을 정확히 알려 주어야 한다고 생각했지.

그래서 1896년에 〈독립신문〉을 창간했어. 한글과 영문으로 발행한 〈독립신문〉은 한 부를 백 명 넘게 돌려 볼 만큼 커다란 인기를 끌었다고 해. 신문 창간에 이어 '독립 협회' 창립을 주도한 개화파 지식인들은 이후 대한 제국 수립에 주도적인 역할을 하게 되지.

신문물 충돌의 현장

"짜잔! 여기는 종로, 여기는 종로. 멍 박사 나와라, 오버!"

"아니, 알파봇? 너, 정말 알파봇이니? 어떻게 된 거야? 동학 농민 운동 소식을 전하다 갑자기 사라져서 내가 얼마나 애를 태웠는지 알아?"

"절 찾으셨다고요? 아유, 하필이면 일본군이 쏜 총알이 제 안테나에 명중하는 바람에 통신이 끊겨 버렸지 뭐예요. 그렇다고 설마 제가 여태 놀고 있었다고 생각하시는 건 아니죠? 그러실까 봐 전국 곳곳을 돌아다니며 안내 해설 영상을 만들어 왔다고요. 척화파는 상소 올리고 개화파는 난을 일으키는데, 백성들은 그걸 어떻게 느끼는지도 살펴봐야 할 거 같아서 말이에요. 어때요? 장하지 않나요?"

"기특하다, 알파봇. 근데 말이야, 네가 말이 많아지면 뭔가 켕기는 게 있다는 거잖아? 생각해 보니 너한테 안테나가 있다는 얘기도 처음 듣는데?"

"자, 우리 연구소에서만 가능한 '시간이 바뀐 공간에서의 해설'! 지금 바로 만나 보시죠."

"잠깐만, 알파봇! 알파봇?"

척화의 상징 운현궁 vs. 개화의 상징 경복궁

짠! 다시 알파봇입니다. 소제목을 보고 궁궐 여행을 하는 거라고 생각했다고요? 그럴 수도 있고, 아닐 수도 있답니다. 일단 따라와 보시라고요.

여기는 조선 말기, 사람들이 자주 오가는 종로 네거리입니다. 사람들이 수시로 오가는 이곳에 돌로 된 비석이 우뚝 서 있습니다. 이게 뭐고 하니, 바로 '척화비'입니다. '서양 오랑캐가 쳐들어오는데 싸우지 않으면 화친하는 것이요, 화친을 주장하는 것은 나라를 파는 행위이다.'라고 새겨져 있네요. 흥선 대원군은 신미양요를 겪은 후 절대로 서양과 통상하지 않겠다는 의미로 이런 글을 비석에 새겨 종로 네거리, 강화도, 부산 등에 세웠어요. 이 비석은 그중 하나입니다.

아, 옆에 화포가 하나 있네요. 평범해 보이지만 '너랑 친하게 지내지 않을 거야!'라는 의지를 강력하게 내뿜고 있는 듯합니다. 바로 '운현궁 화포'입니다. 흥선 대원군은 이양선이 출몰하면 맞대응하기 위해 서양의 기술을 배워 화포를 개발했다고 합니다. 들리는 소문으로는 서양 증기선도 연구했다는데……. 아무튼 '오랑캐로 오랑캐를 물리친다.'는 대표적 예라고 할 수 있겠네요.

화포의 이름에 붙어 있는 운현궁은 흥선 대원군을 상징하는 단어이기도 합니다. 왕이 되지 못한 흥선 대원군은 운현궁에서 살았고, 왕이 되기 전에는 고종도 여기서 자랐거든요. 흥선 대원군이 어린 고종 대신 섭정을 할 때, 창덕궁에 수시로 드나들기 위해 운현궁에 뒷문을 만들었다고 합니다.

한때 조선에서 가장 큰 권력이 머물렀던 곳인 셈이에요. 그러고 보면, 서양 오랑캐에게 쏘기 위해 만든 신무기에 운현궁이라는 이름을 붙인 것도 그리 이상한 일이 아닌 것 같네요.

이와 반대로, 두 팔 벌려 온몸으로 서양 문물을 받아들인 곳이 있습니다! 바로 경복궁의 연못 '향원정'입니다. 고종은 미국의 전기 회사와 계약을 맺고, 1887년에 경복궁 향원정 근처에 발전소를 세워 전기를 공급했어요. 그 전기로 경복궁 건청궁에 매단 전등을 환히 밝혔답니다.

사람들은 경복궁의 전등불을 가리켜, 물이 들어가 밝힌다는 뜻으로 '물불'이라 불렀다고 해요. 신기한 불이라고 해서 '묘화'라 부르기도 했고요. 그런데 기술이 부족해서 그런지 불이 자주 오락가락하면서 건들댔나 봅니다. 그 모습이 꼭 건달 같다고 해서 '건달 불'이라는 별명도 붙었다나요?

하루는 발전기가 말썽을 일으켜 향원정의 물이 펄펄 끓는 사건이

흥선 대원군

운현궁

고종

경복궁

벌어졌어요. 그때 연못에 물고기는 없었냐고요? 당연히 있었지요! 결국 연못에 살던 물고기들이 전부 죽어 물 위로 둥둥 떠올랐어요. 신문물에 거부감을 느끼던 신하들이 그걸 보고 불길한 징조라며 당장 발전기를 없애야 한다고 주장했다네요.

척화의 상징 운현궁과 개화의 상징 경복궁, 이렇게든 저렇게든 나라의 운명을 결정하던 곳이라 그런지 둘 다 느낌이 개운치는 않네요.

부모님이 물려준 머리카락을 자르라니!

여기는 나루터입니다. 한강을 건너는 나룻배들이 나그네들을 싣고 천천히 다가오고 있습니다. 어, 저만치 오는 배 한 척의 모습이 어쩐지 심상치 않습니다. 웬일인지 배에 탄 손님들이 허둥지둥합니다. 혹시 배가 가라앉고 있는 걸까요? 아, 다행스럽게도 그렇진 않은 것 같습니다. 배가 무사히 나루터에 도착했는데, 왠지 소동이 더욱 커진 듯합니다.

"도망쳐, 빨리!"

"게 섰거라!"

배에서 내리는 손님들을 향해 순검들이 우르르 달려듭니다. 아니, 배에 흉악범이라도 타고 있었던 걸까요? 배에 탄 손님들 대부분이 짐을 들고 있는지라 강물에 뛰어들 수도 없습니다. 순검들이 그걸 노리고 나루터를 지키고 있었나 봐요.

아니, 근데 이게 무슨 일이지요? 순검들이 포승줄이 아니라 가위를 들고 달려들더니, 손님들의 상투 튼 머리를 싹둑싹둑 자릅니다.

"아이고, 내 머리. 온몸 어디 하나 부모님이 주지 않은 게 없거늘, 그 은혜를 저버리고 머리카락을 이리 자르다니! 이게 웬일이오!"

선비 하나가 화를 버럭 내더니 결국 울음을 터뜨립니다. 배에 탔던 남자들은 전부 붙잡혀 머리카락을 싹둑 잘리고 맙니다. 다들 울고불고……. 아비규환이 따로 없습니다. 머리카락이 잘린 사람들은 손발이 잘린 것보다 더 분개하고 있습니다.

강제로 단발을 당한 사람들 사이에 조심스럽게 소문이 돕니다. 분

개한 사람들이 뭉치고 모여서 의병을 일으켰다고 하네요. 일단 의병이 모여 있다는 곳으로 달려가 보겠습니다.

이건 또 무슨 일일까요? 가까스로 현장에 도착해 보니, 단발령 말고도 명성 황후 시해 사건으로 온 나라가 들끓고 있습니다.

"우리 전통을 무너뜨리고 근대화를 내세우며 머리를 서양 사람처럼 자르라고 한 일본에 맞서야 합니다!"

"그놈들이 중전 마마를 무참히 살해했습니다. 다 같이 복수해야 합니다."

"남한산성을 점령하고 일본에 맞서는 의병들이 있습니다. 우리도 거기에 합류합시다!"

반면에, 머리카락을 스스로 자르고 멋들어지게 포마드 기름을 잔뜩 바른 사람들이 종로 네거리를 오가는 모습도 보입니다. 짧은 머리는 곧 친일파라는 사람들의 날카로운 시선에도 아랑곳하지 않는군요. 단발령을 거부하는 사람들은 머리가 짧은 사람들을 '도리도 모르는 천하의 상놈'이라고 여기지만, 단발로 잔뜩 멋을 낸 사람들은 머리를 자르지 않겠다며 도망치는 사람들을 '세상 물정 모르는 무식쟁이'라고 생각한다고 합니다.

귀신같은 신문물 vs. 편리한 교통수단

짧은 머리에 포마드를 바른 사람들을 살짝 따라가 봅시다. 이들은 종로네거리에 우뚝 서더니 네모난 차에 납죽 올라탑니다. 전기로 오가는 전차입니다. 전차를 탄 사람들은 하나같이 꽤나 부유해 보입니다. 정거장이 따로 있는 게 아니라 아무 데서나 세워서 타는 모양이네요. 우리도 한번 타 볼까요?

"얼마를 내야 하죠?"

"창문이 있는 상등 칸은 3전 5푼, 활짝 트여 있는 하등 칸은 1전 5푼이오."

"물가에 비하면 꽤 비싼데요?"

"좀 비싸긴 하오. 그래도 어찌나 신기하고 재미있는지, 이걸 하루 종일 타다가 전 재산을 날린 사람도 있다고 하더이다."

"그렇군요. 어이쿠! 저기, 사람이 있어요. 조심, 조심!"

여기서 잠깐!

일본이 조선에 전기등을 설치해 주었다고?

1883년에 미국을 시찰하러 간 보빙사는 '에디슨 전등 회사'를 방문해 전기와 전등을 보고는 큰 감동을 받았다. 귀국 후 보고 들은 것을 고하자, 고종은 1887년에 미국에서 전기를 들여오게 했다. 경복궁 건청궁에 설치된 전등은 일본과 이 년 차이밖에 나지 않을 뿐 아니라, 미국에 가서 직접 보고 조선이 스스로 계약을 맺은 첫 사례였다.

또 근대식 의료 시설인 제중원은 서양 의사인 알렌을 초청해 세웠으며, 대표적인 근대 학문인 수학과 과학 역시 미국의 헐버트 박사가 준 서양 책을 통해 들여왔다. 이때 이상설이 원서 그대로 연구해 저술한 《수리》와 《산술신서》 등은 일본보다 시기적으로 앞섰다. 그러므로 수학과 과학, 의료와 전기 등 근대 문물을 일본이 조선에 고스란히 베푼 거라는 주장은 얼토당토않은 것이다.

쿵! 전차가 뭔지 잘 모르는 듯 무작정 달려오던 사람이 그대로 치이고 맙니다. 애고, 하필이면 어린아이입니다! 성난 사람들이 벌 떼같이 우르르 몰려옵니다.

"이 귀신같은 물건이 어쩐지 불길하다 싶더니만, 결국 사람을 치고 말았구먼!"

"이건 정말 재수 없는 물건이오! 오랑캐가 만든 이상한 물건이 종일 한양 한복판을 오락가락하니, 나라가 이 모양 이 꼴인 게요. 이참에 아예 없애 버립시다."

사람들이 몰려들어 전차를 흔들어 댑니다. 전차에 타고 있던 사람들은 달아나기 바쁩니다. 이윽고 전차가 옆으로 넘어지자 사람들이 불을 지르네요.

개화의 상징인 전차가 사람들의 손에 곤경을 겪는군요. 그 당시는 새로운 것에 대한 호기심뿐 아니라 불안도 상당했던 듯합니다. 스스로 만든 게 아니라 강제로 들여오게 된 거라서 충격이 더 컸던 걸까요?

지금까지 너무나도 뒤숭숭했던 그때 그 시절의 풍경을 알파봇이 안내해 드렸습니다!

이제 멍 박사님께 해설을 넘기겠습니다.

금지 서적에서 시대의 교과서로
⋯ 황준헌의 《조선책략》과 유길준의 《서유견문》 ⋯

　텔레비전도 컴퓨터도 없던 시절, 서로 맞서는 주장은 주로 종이 위에서 부딪칠 수밖에 없었다. 물론 종이라고 해서 지금처럼 책으로 출판하거나 신문에 논설을 싣는 방식은 아니었다. 조선 시대에 논쟁하던 종이란, 사람들이 자주 다니는 곳에 주장하는 글을 써 붙이는 '방문'과 임금에게 직접 건의하는 문서인 '상소문'이 대표적이다.

　1876년에 궁궐 밖 큰길에 도끼를 옆에 두고 이마를 땅에 붙인 최익현은 강화도 조약에 반대하는 상소문을 올리고 받아들여 달라고 요구했다. 최익현은 상소문에 "강화도 조약에 찬성하는 이들은, 일본은 서양이 아니니 괜찮다고 주장한다. 하지만 일본이야말로 서양의 앞잡이이므로 착각하지 마시라."고 밝혔다. 특히 먼저 근대화된 일본의 자본이 조선에 들어오면 조선 경제는 금세 파탄 날 것이라고 우려하는 마음을 담았다.

　도끼 때문이었을까? 최익현의 상소문에 대한 소문은 전국 방방곡곡으로 빠르게 퍼졌다. 게다가 어찌나 절절하고 조목조목 따져 가며 나라의 문을 열면 안 된다고 주장했던지, 조선 선비들의 마음을 마구 뒤흔들었다. 결국 조약 반대 상소문이 빗발치는 지경에 이르렀다. 이에 대한 책임을 물어, 최익현은 흑산도로 유배를 가게 된다.

척화에 불을 지른 한 권의 책

사 년 뒤, 조선 선비 대부분을 떨쳐 일어나게 만든 글이 또 등장했다. 일본에 시찰을 갔다가 중국에 들른 김홍집이 책을 한 권 들고 와 내밀었다. 일본 대사를 지낸 청나라 외교관 황준헌이 쓴 《조선책략》이었다.

이 책을 본 조선 선비들은 깜짝 놀랐다. 조선이 러시아를 막으려면 미국과 손을 잡아야 한다는 주장이 핵심 내용이었기 때문이다. 서양이야말로 가장 피해야 할 오랑캐인데, 친구 관계를 맺으라는 건 대쪽 같은 선비들에게 있을 수 없는 일이었다. 강화도 조약을 맺은 일본이야 조선 초에도 통상을 맺은 적이 있으니까 그럴 수 있다 쳐도, 미국과는 통상하기 힘들다는 생각이 지배적이었던 것이다.

서양과 통상을 해야 한다고 주장하고자 들여온 책이 불씨가 되어 거대한 척화의 불길이 활활 타올랐다. 조선 팔도의 선비들이 들고일어나 척화를 주장하며 통상 반대 상소문을 올렸다. 나아가 그런 불온한 책을 들여온 김홍집을 처형해야 한다는 목소리까지 높아졌다.

그 바람에 조선 외부의 국제 정세를 사람들에게 알리고자 책을 들고 온 김홍집은 몹시 곤란한 처지에 놓이게 되었다. 시인이자 학자인 황현이 쓴 《매천야록》에 이와 관련된 이야기가 하나 실려 있다.

김홍집이 일본으로 떠나기 전, 갑자기 배가 고파 집에 들러 밥을 먹으려 했다. 밥상을 받아서 막 먹으려는 찰나, 밥을 담은 사기그릇이 반으로 뚝 쪼개지고 말았다. 지금이나 그때나 그릇이 깨지는 건 매우 불길한 징조로 여겼다. 김홍집은 몹시 찝찝했지만 미신이라 치부하고서 길을 떠났다. 그런데 돌아오는 길에 챙긴 책 한 권이 이런 사달을 부를 줄이야! 김홍집의

이 이야기는 '백자 주발의 예언'이라며 전국으로 퍼져 나갔다.

물론 《조선책략》은 척화파의 비난만큼이나 개화파들의 열렬한 지지를 받았다. 당시 각 나라의 외교 관계를 파악할 수 있음은 물론, 적극적으로 나라의 문을 열어야 한다는 주장이 개화파의 입장과 일치했기 때문이다. 그렇지만 《조선책략》은 한쪽으로 입장을 정리하는 데 도움이 되기는커녕, 척화파와 개화파의 극단적인 대립을 불러일으키는 데 그치고 말았다.

시대의 흐름을 막을 수는 없다

《조선책략》이 불러일으킨 파장은 자못 컸다. '조선 최후의 영의정'이라 불리는 김홍집도 척화파의 맹비난에 한동안 관직에서 물러나야만 했을 정도였다. 놀란 고종은 척화와 개화 사이에서 다시금 고민했다. 결국 일본을 둘러보고 나서 결정하기로 했다. 그래서 1882년에 부산으로 암행어사들을 파견했다. 그들은 바다 건너 일본에 가서 감찰하고 오라는 임무를 맡았다. 정확히는 감찰이 아니라 시찰이었지만. 《조선책략》 때문에 분위기가 험악해지자 대놓고 시찰단을 보낼 수 없어서 암행어사로 꾸민 것이었다.

고종이 파견한 시찰단이 일본을 샅샅이 둘러보았지만 별다른 정보를 얻지 못했다. 보다 발달한 나라의 시찰이 필요했다. 1883년에 고종은 민영익, 서광범, 변수 등이 포함된 '보빙사'를 미국으로 보냈다. 발전된 서양 문물을 둘러보는 것뿐 아니라, 미국 대통령인 아서에게 국서를 전달하려는 목적이었다. 보빙사는 전기 회사, 대형 공장, 행정 기관, 동물원 등 각양각색의 근대 문명 시설을 두루 살펴보았다. 이후 유럽으로도 건너가 각 나라를 둘러보았는데, 이 일정이 우리나라 최초의 세계 일주 기록이다.

이때 시찰단과 함께한 유길준이 조선으로 돌아와 개화를 촉구하는 책을 펴냈다. 바로 《서유견문》이다. 이 책에는 국가, 법, 체제, 교육 등 근대적 개념은 물론, 서양의 각종 문물, 당시 각 나라의 상황 등이 백과사전식으로 서술되어 있다. 미국에서는 대로에서 애정 행각을 벌이고, 독일에서는 밤낮으로 맥주를 마시며, 에스파냐에서는 잔인하게 소를 죽이는 경기를 한다는 등 그때로서는 다소 충격적인 내용도 담겨 있었다.

《서유견문》은 단순히 근대의 국가, 법, 사회에 대해서만 서술하고 있지 않다. 조선에 왜 개화가 필요하고, 어떤 식으로 근대화를 해야 하는지를 소신 있게 피력했다.

하지만 《조선책략》으로 불타올랐던 선비들에게 다시금 큰 파문을 일으켰다. 갑신정변의 실패로 개화파라면 치를 떨던 시절이었기에 《서유견문》은 절대로 읽어서는 안 될 금지 서적이 되고 말았고, 근대화의 교과서가 되기까지는 그로부터 몇 해를 더 기다려야만 했다.

1900년에 프랑스에서 열린 만국 박람회에 전시된 조선관의 모습. 오른편 위쪽에 조선을 상징하는 태극기가 보인다. 태극기는 일본을 시찰하고 돌아오던 박영효 등이 조선이 독립 국가임을 알리기 위해 고안했다고 전한다. 프랑스 일간지 〈르 쁘띠 저널(Le Petit Journal)〉에 실린 그림이다. ⓒ국립고궁박물관

대한 제국으로 가는 길

알파봇 녀석, 버르장머리 없이 제 할 말만 하고 사라지더니만, 설명하기 곤란한 건 또 날 걸고넘어지는군. 조선에서 돌아오면 예의 바른 버전으로 업데이트해야겠어.

아, 그나저나 어디까지 했더라? 맞다, 꼬리에 꼬리를 무는 사건들이 연이어 벌어지는 상황 속에서 조선은 여전히 변신을 꾀하고 있었어. '대한 제국'의 성립을 눈앞에 두고 있었거든. 개항 이후 어떤 과정을 거쳐 대한 제국에 이르게 되었는지 한번 살펴볼까? 척화와 개화의 잘못된 만남이 어떤 결말로 이어졌는지 확실히 알 수 있을 테니까. 그럼 역사의 분수령이 되었던 동학 농민 운동부터!

① 동학 농민 운동, 1894년

갑오년에 일어난 전라도 농민들의 '반봉건 반외세' 운동이었어. 말이 너무 어렵다고? 다시 말하면, 사회를 개혁하고 외국 세력을 물리치자는 의미야. 처음엔 탐관오리를 처단하기 위해서 들고일어났는데, 더 나아가 낡은 제도를 없애려는 개혁 운동으로 발전했지.

이때 덜떨어진 조정에서 동학 농민군을 진압해 달라면서 청나라에 군대를 요청하는 바람에 일본군도 덩달아 조선에 상륙하게 돼. 이게 조선의 운명, 아니 동아시아의 운명을 가르는 계기가 될 줄 누가 알았겠어?

② 청일 전쟁, 1894~1895년

청나라군과 일본군이 조선에 상륙하자 동학 농민군은 조정과 전주 화약을 맺고 자진 해산했어. 그러자 조정은 청나라와 일본 군대에 나가 달라고 요구했지. 하지만 불러들이는 건 쉬워도 나가게 만드는 건 어려운 법! 청나라와 일본은 서로 '쟤네가 나가야 우리도 나갈 건데?' 하는 식으로 버텼어.

그러던 중 일본군이 경복궁을 습격해 친일 인사들로 내각을 세우고, 청나라 함대를 공격하면서 기어이 전쟁을 일으키고 말아. 음, 청일 전쟁이 일어난 거야. 조선 땅에서 외국 군대가 서로 맞붙어 싸우게 된 셈이지.

비, 비긴 걸로 하자 해.

안 된다데스!

철저하게 대비한 일본군에 비해 준비가 덜 된 청나라는 이 전쟁에서 패한 뒤 조선에 대한 영향력을 잃게 되었어. 전쟁에서 승리한 일본은 "조선은 내 거!"라고 선언하면서, 청나라로부터 랴오둥 반도까지 얻어 냈지.

③ 삼국 간섭, 1895년

그런데 국제 정세가 일본 마음대로 흘러가지 않았어. 일본이 랴오둥반도를 차지하려는 순간, 러시아가 "잠깐!" 하고 제동을 걸었거든.

랴오둥반도가 어디냐고? 조선에서 볼 때 서해안 건너 북서쪽에 툭 튀어나온 반도야. 요동반도라고 부르는 게 더 익숙하려나? 아무튼 남쪽으로 내려오던 러시아로서는 랴오둥반도를 일본에 빼앗기면 자신들의 계획에 큰 차질이 생길 것 같았겠지. 그래서 독일과 프랑스를 끌어들인 뒤, 일본에 '랴오둥반도를 반납하라'며 간섭하고 나선 거야.

아직 어린 표범에 불과하던 일본은 막 삼키려던 떡을 다시 뱉어 내야만 했어. 그런데 여기서 문제는, 이런 상황을 만들어 놓고도 하릴없이 손가락만 빨며 지켜보던 고종과 명성 황후의 머리에 그 순간 반짝! 하고 불이 켜졌다는 거야. '어? 일본보다 러시아가 더 세잖아? 그럼 러시아와 손을 잡으면 되겠네?' 그래서 러시아통들로 허겁지겁 내각을 꾸렸지. 그 무모한 결정은 그렇잖아도 열받은 상태인 일본을 제대로 자극하고 말았어.

④ 을미사변, 1895년

'힘도 없는 주제에 러시아와 붙어먹겠다고? 지금 조선의 최고 권력자는 고종인가? 아니, 임금을 좌지우지하는 불여우 중전이지!'

일본은 청나라를 물리친 보람도 없이 조선을 러시아에 내주게 될지도 모른다고 생각했어. 그래서 이를 막아야겠다는 생각에 눈엣가시인 명성 황후를 제거하기로 마음먹었지. 작전명 '여우 사냥'!

1895년 을미년 가을, 일본은 군대와 낭인들을 동원해 경복궁을 습격했어. 농담이 아니라 진짜야. 궁궐에 쳐들어온 낭인들은 명성 황후를 칼로 베어 죽이고 말았지. 아, 외국 세력이 남의 나라 궁궐에 쳐들어와 왕비를 죽이다니! 고종은 너무너무 화가 났지만, 분노보다 다른 감정이 앞섰어. '궁궐에 난입해 중전을 죽일 정도면……, 나도?' 바로 두려움이었어.

⑤ 아관 파천, 1896~1897년

일본의 잔악함과 과감함을 보며 두려움에 떨던 고종은 경복궁을 빠져나가기로 결심했어. 고종의 행선지는 러시아 공사관이었지. '러시

궁궐이 너무나 위험하구나. 여장을 하고서라도 러시아 공사관으로 가야겠다. 어떠냐? 흠, 여자 같으냐?

아바마마! 제발 체통을……

아라면 일본으로부터 나를 지켜 줄 수 있을 거야!'

늦은 밤, 고종은 아들인 순종과 함께 여인으로 변장한 채 가마를 타고 러시아 공사관으로 피신했어. 이를 '임금이 아라사(러시아를 소리 나는 대로 옮긴 말) 공사관으로 피난 갔다'고 해서 '아관 파천'이라고 불러. 그래도 한 나라의 임금인데 남의 나라 공사관으로 도망을 쳤으니, 고종은 물론이고 나라 체면이 말이 아니었지. 그때 들려오는 간곡한 목소리…….

"전하, 제발 궁으로 돌아오십시오."

과연 누구 목소리였을까? 한 해 전에 죽은 명성 황후가 살아서 돌아오기라도 한 걸까?

⑥ 독립 협회, 1896~1898년

누구 목소리긴, 조선 팔도 백성들의 목소리지. 그 가운데서도 조직적으로 끈질기게 고종에게 궁궐로 돌아오라고 호소한 단체가 있었

어. 바로 독립 협회야. 독립 협회는 고종에게 "제발 남의 나라 공사관에서 체면 구기지 말고 빨리 환궁해서 나라를 새롭게 하라."고 간곡히 요청했어. 아마도 고종은 그때 무시하고 싶었을 거야. 그러고는 싶지만 일본이 언제 어떻게 자신을 해칠지 모르는데 어떻게 돌아가? 하지만 곰곰 생각해 보면 독립 협회의 호소도 일리가 있었지. 임금 체면이 있는데, 언제까지 남의 공사관 구석에서 버틸 수 있겠어?

결국 고종은 러시아 공사관 더부살이를 한 지 일 년 만에 궁궐로 돌아왔어. 그렇지만 신하들뿐 아니라 백성들한테도 영 면이 서지 않았지. 공사관이면 남의 나라 영토나 마찬가지인데, 그 책임감 없기로 유명한 선조도 임진왜란 때 차마 외국으로 튀지는 않았거든. 아, 이 위기를 넘기려면 뭔가 새로운 이벤트를 열어야 할 것 같은데……. 어디, 좋은 거 없을까?

⑦ 대한 제국, 1897~1910년

"전하, 환궁하셨으니 나라의 모습을 새롭게 바꾸셔야 합니다."

고종이 환궁하자 개화파와 척화파가 어쩐 일로 일치단결해서 나라의 모습을 바꾸라고 요청했어.

"칭제건원(稱帝建元)하셔서, 청이나 일본은 물론 서구 열강과 대등하고 독립된 자주국임을 선포하십시오."

간단히 말하면, 중국처럼 연호를 제정하고 왕을 황제라 부르자는 말이야. 이렇게 해서 1897년 10월, '대한 제국'이 선포되었어. 조선 건국이 1392년이니까, 건국한 지 505년 만의 일이야.

러시아 공사관에서 돌아오라고 외치던 서재필과 독립 협회가 청나라로부터 독립의 의미를 담은 '독립문'을 만든 것도 이 무렵이었어. 독립문을 만들 때 고종뿐아니라 백성들까지 나서 건립 비용을 기부했다고 하니, 당시 많은 사람들이 자주적인 나라를 만드는 데 목말라 했다는 걸 잘 알 수 있어.

그렇다고 해서 대한 제국이 조선과 완전히 다른 나라냐고 묻는다면 확실하게 '아니'라고 말할 수 있어. 왕이었던 고종이 그대로 황제가 되고, 신하도 땅도 정

짐은 '대한 제국'을 선포하노라!

이러면 반발이 좀 잦아들려나?

부도 그대로였으니까.

요즘 식으로 말하자면, '조선 2.0' 버전인 셈이지. 산전수전 다 겪은 우리 고종께서 황제로 등극하신 만큼 대한 제국이 부디 잘되어야 할 텐데 말이야.

지금까지 동학 농민 운동에서 대한 제국까지, 꼬리에 꼬리를 물고 일어난 사건들이 어떤 결과를 낳았는지 살펴보았어. 그나저나 알파봇 이 녀석, 나한테 다 떠넘기고 대체 어디 간 거야?

새 나라인 듯 아닌 듯, 대한 제국

나라 문을 여느냐 마느냐로 다투던 시절은 지나갔어. 이젠 외국 배가 드나들고 외국인을 만나는 게 어렵지 않은 시대가 되었어. 그걸로도 모자랐는지 임금이 외국 공사관으로 피신하는 일까지 있었지.

러시아 공사관으로 피신했을 때 고종의 심정은 어땠을까? 그나마 목숨은 부지했으니 다행이라고 여겼을까? 아무리 자신의 목숨이 가장 소중하다 해도 망신스러운 것까지 부정하진 못하겠지. 일본에 대해 이를 바득바득 갈 만도 해.

어쨌거나 고종은 뭔가 그럴싸한 걸 구상할 새가 없었어. 러시아가 이 틈을 놓치지 않고 이런저런 이득을 취하고자 고종을 무던히도 괴

롭혔거든. 세상에 공짜는 없다고나 할까?

"여기, 여기, 광산의 채굴권을 러시아에 주시오."

"시베리아 철도를 조선까지 연결하도록 승인해 주시오."

늑대 피하려다 호랑이, 아니 불곰에게 물린 셈이었지.

세상에 공짜가 어디 있어?

"도저히 못 참겠어!"

고종은 러시아 공사관에서 나가기로 결심했어. 물론 못 참겠단 말
은 속으로만 했을 거야. 그런데 러시아 공사관에서 나온 뒤 경복궁에

다 짐을 풀지 않고 경운궁(지금의 덕수궁)에다 거처를 마련했다지 뭐야? 멀쩡한 경복궁을 놓아두고 왜 갑자기 그런 걸까?

"이 근처에는 다른 나라 공사관이 많다. 여차하면 부를 수 있도록 경운궁에 거처를 꾸미도록 하라."

일본이 아무리 막무가내라 해도 다른 나라 외교관들이 뻔히 보는 앞에서는 별수 없을 거라고 생각했던 거지. 그 당시 경운궁이 자리한 정동에는 각 나라의 공사관이 즐비해서 외교관 거리라 불렸거든.

커피 마니아였던 고종

고종은 커피 애호가로 유명했다. 그 당시에 어떤 경로로 커피를 알게 되었을까? 고종에게 커피 맛을 알려 준 사람은 러시아 공사 베베르의 처형인 손탁이었다. 고종은 커피를 마시며 "왕이 된 후 인생이 줄곧 쓰디씀의 연속이었지. 거기에 비하면 커피는 오히려 달게 느껴지는구나."라고 했다나. 그때는 커피를 가비, 가배, 양탕 등으로 불렀다고 한다. 고종 때문에 궁궐 안에 지금의 고급 카페와 비슷한 전각을 따로 두었을 정도였다고 하니까 얼마나 커피를 즐겼는지 짐작할 만하다.

심지어 고종을 암살하려던 사람이 커피를 이용하기도 했다. 함경도에서 러시아로 국경을 넘나들며 살던 김홍륙은 오가며 배운 러시아어 덕분에 통역관으로 발탁되었다. 그런데 뇌물 사건이 발각되어 벌을 받을 위기에 몰리자 고종 암살을 시도했다. 고종이 마시는 커피에 아편을 다량 넣은 것! 그런데 아뿔사, 김홍륙이 한 가지 알아차리지 못한 게 있었다. 커피 마니아가 커피 맛에 얼마나 예민한지를 미처 몰랐던 것이다. 고종은 아편을 탄 커피를 맛보고 이상하다는 느낌을 받고서 거의 마시지 않았다. 하지만 멋모르고 커피를 다 마신 아들 순종은 호되게 당하고 말았다. 이가 무려 18개나 빠진 데다 피를 쏟으며 쓰러졌다고 한다. 순종은 비록 어렵사리 목숨을 건지긴 했지만 예전처럼 건강을 유지하지는 못했다. 아무튼 고종의 커피 사랑은 암살을 피할 정도로 대단했다.

옛말에 "군자의 복수는 십 년이 걸려도 늦지 않다."고 했는데, 고종은 그렇게 진득하게 기다리는 성격이 아니었나 봐. 하긴 한 나라의 궁궐에 침입해 중전을 해치고 자신을 위협한 일본에 복수하려는 마음조차 제대로 품지 못했으니…….

아무튼 일 년 만에 러시아 공사관에서 나와 가장 먼저 실행에 옮긴 건 새로운 나라의 건설이었어. 바로 '대한 제국'이었지.

헌 부대에 새 술 담기

고종은 대한 제국을 세우기 전에 내각을 싹 물갈이했어. 친일파 인사들을 몰아내고 친러파 인사들로 꽉꽉 채웠지. 아무래도 새 나라를 세웠으니 변화를 주어야겠다는 생각이 들었을 거야. 그래서 '광무개혁'을 실시해.

광무개혁의 기치는 '옛것을 근본으로 하되, 새것을 참조한다.'였어. 쩝, 아예 근본부터 갈아엎어도 모자랄 판인데……. 뭔가 절박함이 많이 부족해 보인달까? 그래도 광무개혁을 실시한 시기는 꽤나 적절했어. 러시아와 일본이 서로 눈치만 보고 있던 때여서 대한 제국에 대한 간섭이 덜했거든.

하지만 개혁의 성과는 매우 미미했지. 군사 제도 개혁은 돈이 부족해서, 토지 제도 개혁은 상황 파악을 제대로 못 해서, 경제 개혁은 외국 자본에 밀려서……, 등등의 이유로 실패만 거듭했거든.

미국은 왕이 없어서 안 돼.
음, 왕권이 약한 영국도 아니고……
황제권이 강한 독일이 좋겠어.
그래야 내가 권력을 유지하지.

첫, '대한 제국'이라며?
뭐가 바뀌었슈?

그중에서도 제일 방해가 되었던 건 러시아 세력을 등에 업고 잇속을 챙기려는 수구파들이었어. 뭐, 고종 역시 다를 바 없었지. 자신의 권력을 지키려는 욕심에 주구장창 수구파 의견만 들어주다가, 결국 개혁의 골든 타임을 헛되이 흘려 버리고 말았으니까.

학습 효과가 참 부족하다는 느낌을 지울 수가 없어. 갑오개혁, 을미개혁, 광무개혁까지, 위로부터의 개혁이 계속 실패했다는 걸 알 때도 되었건만. 동학 농민 운동이나 독립 협회의 활동처럼 백성들로부터 시작된 개혁을 보면서도 배운 게 없었다니, 참.

그래도 근대 교육 기관인 학교와 전기·통신·의료 등 최신 시설을 들

광무개혁의 성과

〈군사 제도 개혁〉

돈이 없어서 황제의 친위대만…….

〈토지 제도 개혁〉

토지 소유 현황을 무시해 민심만 잃음.

〈상업 활성화, 은행 설립〉

일본 등의 외국 자본에 권리를 뺏김.

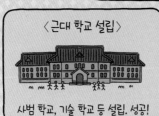

〈근대 학교 설립〉

사범 학교, 기술 학교 등 설립. 성공!

〈근대 시설 도입〉

최신 시설 설치. 성공!

고종의 겉모습

고종의 속마음

여와 운영한 건 나름 괜찮은 선택이었어.

자, 이쯤에서 고종이 뭐라고 하는지 한번 들어 보고 싶은데……. 그래, 알파봇 녀석 오자마자 되돌려 보내야겠다. 고생 좀 해 보라지!

한반도 지배권이 걸린 러일 전쟁

1904년, 압록강 건너 중국 랴오닝성의 뤼순항에 정박해 있던 러시아 함대가 일본 함대의 기습 공격을 받는다. 일본이 러일 전쟁을 일으킨 것이다. 한반도를 차지하기 위해 단단히 준비한 일본은 계속해서 승전보를 울리고, 러시아가 야심차게 파견한 발트 함대까지 섬멸한다.

유럽에서도 강대국으로 인정받던 러시아 함대의 패배는 서구 사회에 커다란 충격을 안겼다. 세계의 주목을 받게 된 일본은 1905년에 영국과 제2차 영일 동맹을 맺어 조선의 통치를 인정받고, 미국과는 비밀리에 가쓰라·태프트 협정—미국은 필리핀을, 일본은 조선을 식민 지배한다는 내용—을 맺는다. 이어 전쟁에서 패한 러시아와 포츠머스 조약을 맺어 한반도와 만주 남부의 지배를 확고히 한다.

일본은 러일 전쟁의 승리로 영국과 미국, 러시아 등의 강대국으로부터 조선 지배를 공식적으로 승인받게 되었다. 조선의 외교권을 빼앗는 을사늑약을 맺기 위한 준비를 완벽하게 끝낸 셈이다.

조선 왕실 삼인방의 어설픈 변명

알파봇

박사님, 저 돌아가는 길이에요! 걱정 많이 하셨죠? 제가 누구예요? 무슨 일이 있어도 임무를 반드시 수행하는 역사 전문 인공 지능 로봇 알파봇 아니겠어요?

멍 박사

오, 알파봇! 드디어 오는구나. 무사하다니 다행이야. 그래, 어디 다친 데는…… 없는 거지?

알파봇

다칠 뻔한 것뿐이라니까요! 설마 지금 다친 척하고 놀다 왔을 거라고 절 의심하시는 거예요? 조선의 운명에 커다란 영향을 미친 인물들의 입장을 들어 볼 필요가 있을 것 같아서, 모종의 결과물을 받아 오느라 늦은 거란 말이에요.

멍 박사

네가 그런 대견한 생각을 했다고? 뭔가 제 발 저린 느낌적인 느낌인데…….

알파봇

어차피 저 쉬는 꼴을 못 보는 박사님이 다시 가서 인터뷰해 오라고 시키실 거였잖아요. 어쨌든 '할 바엔 제대로 하자!'는 제 신념을 걸고 만들었다고요. 역사적 사실과 인물의 행적을 종합해 만든 '가상 현실 반성문'이라고 할까요?

참, 너무 생생하다고 진짜로 남아 있는 반성문이라고 생각
하시면 안 돼요. 일단 가져갈게요!

실수는 했지만, 내 잘못은 아니야!

나, 흥선 대원군! 21세기 후손들이 나를 폐쇄적 인간이라고 부른다
는 게 썩 마뜩지 않군. 물론 조선이 기운 데 어느 정도 책임이 있다는
건 인정해. 그렇지만 내 속이 간장 종지만 해서 그 어떤 것도 받아들
이지 못한다고 비난하는 건 억울하다니까? 어쨌거나 내가 저지른 잘
못은 몇 가지 인정하고, 후손들은 같은 실수를 반복하지 않길 바라는
마음에서 반성문을 쓰도록 하지.

내가 개화를 무조건
방해했다는데
그건 순전히 오해야.
그땐 그럴 만한
시대적 상황이 있었어.
다들 민비 알지?
내 며느리 말이야.
이게 다 민비
때문이라니까?

↘ 흥선 대원군

누구는 지질한 변명이
라고 할지 모르겠지만, 내
가 처음부터 서양 오랑캐
라면 묻지도 따지지도 않
고 배척했던 건 아니야.
신미양요 때 침몰시킨 서
양 증기선을 건져다가 연
구를 해서 조선의 배를 만
들어 보려고도 했다고. 비
록 자금이 넉넉지 않아 실

패로 끝났지만 서양의 기술을 씹고 뜯고 맛봤다고 할 수는 있지.

화약도 그래. 나는 화약을 매우 중요하게 여겼어. 서양 오랑캐와 접전을 벌이면서 화약 무기가 엄청나게 중요하다는 걸 깨달았거든. 그래서 화약의 파괴력을 서양 수준으로 끌어올리려고 노력했고, 그 덕분에 화포 분야에서 꽤 큰 발전을 이루기도 했지.

내게 '서양'이라면 무조건 거부하는 이미지가 생긴 건 좀 억울하다고. 나름의 사정이 있어서 그런 거라니까. 뭐, 어떤 사정이냐고?

나는 사실 뼛속까지 유학자야. 중화 문명이 아니면 전부 오랑캐라고 판단했지. 그러니 서양 세력이 불편할 수밖에. 거기다 오페르트라는 서양 놈이 내 아버지의 묘를 파헤치는 만행까지 저질렀잖아. 내가 싫어하겠어, 안 하겠어?

그리고 조선을 망친 건 내가 아니야. 조선이 그 지경이 된 건 어디까지나 내 며느리 민비(명성 황후를 낮추어 부르는 말) 탓이거든! 그 똘똘한 유길준이란 개화파가 내 며느리를 두고 '사치를 일삼는 프랑스 왕비 마리 앙투아네트보다 더 악독한 여자'라고 했다지? 개화파를 싫어하는 나도 이 말에는 백번 동의해.

내 실수라면 한 소녀가 권력의 화신이 될 거란 걸 미처 모르고 며느리로 삼은 것일 뿐. 며느리는 못난 내 아들을 치마폭에 감싸 안고 우왕좌왕하며 정치를 망쳐 놓았지. 그뿐만이 아니야. 서양 오랑캐한테 어마어마한 선물을 갖다 바치느라 나랏돈을 흥청망청 써댔다고.

심지어 외세가 밀려 들어올 때는 어떻게 했는지 다 알지? 개혁을 제대로 할 수 없는 인물들을 중요한 자리에 앉혔잖아. 내 실수라면 그런 사람을 며느리로 삼았다는 거지. 그건 정말이지 뼈아픈 실수야. 기꺼이 인정할게.

기분 나빴다면 미안, 사과할게!

나, 명성 황후! 그래, 만백성 앞에서 반성하겠어. 21세기에 사는 얼굴 모를 후손들한테까지도 사과하겠다고. 며느리에게 모든 잘못을 떠넘기는 꼰대와 달리 내 잘못을 순순히 인정하겠다는 거야.

그래, 사치 좀 부렸어. 거액의 나랏돈을 굿하는 데 쓰기도 했고, 주요 외국 인사들에게 뿌리기도 했지. 하지만 시아버지 흥선 대원군이 조선을 망친 게 몽땅 내 탓이라고 하는 것만은 인정할 수 없어! 흥, 서양 기술로 화포를 개선했으니 서양을 무조건 배척한 건 아니라고? 천만의 말씀! 그 화약으로 누굴 죽였는지 알아?

글쎄, 그 영감탱이가 열심히 개발한 화약을 선물이랍시고 우리 친정집으로 보냈지 뭐야? 친정 식구들이 나 닮아서 뇌물에 좀 약해. 들어오는 선물 절대로 안 막거든. 친정 식구들이 기분 좋게 선물 상자를 열어제꼈는데, 화약이 폭발하는 바람에 내 양오라버니 가족이 죄다 죽고 말았지.

얼마나 원통했는지, 양오라버니가 돌아가실 때 운현궁 쪽을 손가락으로 가리켰다지 뭐야? 시아버지의 소행이란 걸 알린 거지.

나는 사실 시아버지와 첫 단추부터 잘못 끼웠어. 서양과 통상을 해야 했는지 말아야 했는지는 지금도 잘 모르겠지만, 서양 물건과 서양 사람이 좋아 보였던 건 사실이야.

멋대가리 없는 조선 물건만 보다가 세련된 물건들을 보니까 나도 모르게 눈이 뒤집히잖아. 뭐, 새로운 걸 좋아하는 것도 잘못이야? 그게 내 성격 탓이라 한다면 기꺼이 사과할게.

그렇지만 나도 정말 힘들었다고! 며느리는 죽도록 미워하면서 독불장군처럼 자기만 옳다고 우기는 시아버지, 귀가 얇아서 내가 일일이 챙겨 줘야만 정신 차리는 남편, 문제만 생기면 왕비 탓만 하는 모자란 백성들…… 문제가 생길 때마다 다들 내 탓만 하잖아. 그러니 나도 나 자신을 위로해 줄 뭔가가 있어야 살지.

나라의 문을 열어야 한다는 둥 말아야 한다는 둥 하면서 척화파와 개화파가 번갈아 들고일어나는 데다, 민란으로 백성들까지 난리인 상황을 어떻게 해결해야 잘했다는 소리를 들을 것 같아?

조선 좀 잘되게 하려고 무당을 찾아 굿을 하고 서양 인

내가 쪼끔 사치스럽고 서양 물건과 무당굿을 좋아하긴 했지. 성정도 조금(?) 모났었고. 하지만 그게 어떻게 다 내 탓이니? 나 나름대로 국난을 해결해 보려고 꽤나 노력했다고. 고마운 줄 알아, 이것들아!

← 명성 황후

사들에게 선물을 뿌려 댄 거야. 만약 평화로운 시절이었으면 내가 사
치 좀 부린 것쯤이야 티도 안 났을걸? 그래도 뭐, 기분 나빴다면 미안!

다른 사람들이 반성했으니, 난 좀 배 주라

조선 제26대 왕이자 대한 제국의 황제인 나, 고종! 후손들 앞에 깊
이 반성할게……. 한다고! 아버지 흥선 대원군과 중전 명성 황후의 공
통점이 뭔지 알아? 서로 죽도록 미워하면서도 나를 욕할 때만큼은 합
심해서 무능력하다며 꾸짖어 댔다는 거야. 기가 차서 정말!

아무튼 두 사람은 나를 잘못 알고 있어. 나는 무능력한 게 아니야.
기가 센 사람을 만나면 한없이 작아지는 성격일 뿐이라고. 열두 살 어
린 나이에 왕이 된 후로 황
소고집 아버지의 눈치를 엄
청 봐야 했지. 어디 그뿐이
야? 여장부 중전한테는 또
얼마나 시달렸는지……. 내
맘대로 할 수 있는 건 하나
도 없었어. 두 사람이 사라
지고 나서야 나도 정치라는
걸 할 수 있었던 거지, 절대
로 능력이 없었던 게 아니

으흠, 내 비록
아버지와 왕비에게
마구 휘둘렸지만,
나라와 백성을 위해
개화와 통상을
받아들였어.
유능하지 못했던
건 미안허이.

고종

라고.

아버지 흥선 대원군은 임금이니 양반이니 하는 봉건 제도가 무너지지 않도록 하기 위해 척화를 선택했어. 그 바람에 서양 근대 문물이 들어오는 시간이 한껏 늦춰졌지. 중전은 통상을 하는 시늉만 하면서 자기 사람들 챙기느라 시도 때도 없이 외세를 불러들여 나라를 망쳤고.

나도 양심 없는 인간은 아니라서 몇 가지 실수는 인정해. 나랏돈을 물 쓰듯이 하고, 그 돈을 마련하느라 나라 경제를 망친 중전을 말리지 못한 건 내 잘못이야.

나도 인정할 건 인정하는 쿨한 사람이니까 하나만 더 인정할게. 개화를 선택하고 근대화를 추진할 때, 한 나라의 왕으로서 중심을 못 잡고 몇몇 세력에 이리저리 끌려다니면서 각종 이권을 외국에 넘긴 거 진짜 잘못한 거 맞아.

그래도 내가 받아들인 의료 제도나 은행 같은 산업 제도, 학교 등의 교육 제도는 백성들에게 큰 도움이 되었잖아? 일본의 강요에 어쩔 수 없이 강제로 을사늑약을 맺은 뒤에 나라를 되찾고자 헤이그 특사를 파견하고, 독립군을 돕기 위해 애를 쓴 건 그래도 좀 인정해 줄 만하지 않나?

어허, 세상에 완벽한 사람이 어디 있나? 잘못한 건 반성하고, 고쳐 가면서 사는 거지.

조선의 눈과 귀, 정보 통신 제도

　박사님, '가상 현실 반성문' 끝났어요. 어라, 뭔가 표정이 급해 보이시는 것 같더니만 화장실 가셨나? 독자들을 기다리게 할 순 없으니 제가 우선 간략하게 설명을 드릴게요.

　스스로의 힘으로 이룬 건 아니지만 개화를 하면서 서양 근대 문물이 차츰 백성들의 생활 속으로 파고들었어요. 그중에서 가장 혁신적인 건 우편과 전신, 전화였지요. 예나 지금이나 정보 통신 분야가 제일 첨단을 달리나 봐요. 어쨌거나 이런 신문물 때문에 여러 가지 소동이 일어났어요. 어떤 일들이 있었는지 하나하나 살펴볼까요?

집집마다 걸어서 편지 배달 : 우편

홍영식은 보빙사로 뽑혀 미국의 근대 기술을 둘러보러 갔다가 우편 제도를 보고 깜짝 놀랐어요. 그때만 해도 조선은 나라의 중요한 소식을 전하려면 봉화를 피우거나 파발을 보냈거든요. 그나마 나랏일은 그렇게라도 전달을 했지만, 개인적인 소식을 전하려면 그 지역으로 가는 사람이 나타날 때까지 한없이 기다려야 했지요.

그러니 아무 때고 소식을 전할 수 있는 우편 제도는 그야말로 혁신적으로 느껴졌답니다! 홍영식은 우편 제도가 조선 사람들을 매우 편리하게 해 줄 거라고 생각했어요.

1884년, 홍영식의 주도로 편지를 원하는 곳에 보낼 수 있는 '우정총국'이 만들어졌어요. 우정총국 개통식 날, 조선 조정의 모든 관리가 한자리에 모였답니다. 그런데 이날 급진 개화파가 일으킨 갑신정변이 일어나고 말았지요.

그 바람에 우정총국은 문을 열자마자 바로 닫는 비극적인 운명을 맞이했어요. 십 년이 지난 뒤에야 겨우 우정총국이 다시 열리면서 본격적으로 우편 제도가 시행되었답니다.

우편 제도는 처음에 서울과 인천 두 지역만 시행하다가 곧 전국으로 퍼져 나갔어요. 편지를 배달하는 사람들을 '체전부'라고 불렀는데 검은 두루마기에 벙거지 모자를 쓰고 허리춤에 담뱃대를 매단 모습이었답니다.

체전부들은 중간 지점에서 만나 배달해야 할 편지를 서로 교환했어요. 일일이 걸어 다니면서 편지를 배달하느라 무지하게 힘들었지요. 아니, 힘만 든 게 아니에요. 집집마다 개가 어찌나 짖어 대는지 늘 불안감에 떨어야 했답니다. 우편이 뭔지도 모르는 사람들 때문에 수상한 사람으로 오해받아 두들겨 맞기가 일쑤였고요.

게다가 글을 읽지 못하는 사람들이 많아서 배달한 편지를 직접 읽어 주거나 답장을 대신 써 주어야 해서 시간도 너무 오래 걸렸다고 해요. 어떤 체전부는 배달을 하다가 너무 힘든 나머지, 편지 뭉치를 자기 집 다락에 숨기거나 뒷산에 묻어 버리기도 했다나요?

"설마 나중에 만나서 편지를 받았냐고 물어보진 않겠지? 분명히 배달했다고 우기면 자기들이 어쩔 거야."

체전부는 이런 생각을 하며 흐뭇하게 웃었을 텐데……. 금방 들통이 나고 말았어요. 편지에는 안부만 묻는 게 아니라 바삐 알려야 할 소식도 있었으니까요!

그런 사람들이 신고를 하자 우정총국에서 곧 조사에 들어갔지요. 결국 체전부의 집 다락에서 편지 뭉치가 발견되었다나요? 초기에 이런 일들이 자주 있었는지 우체소 안에 곤장을 치는 도구가 놓여 있었다고 해요.

"편지를 숨기고 제대로 배달하지 않았으니 규칙대로 벌을 받는다. 벌금 20냥을 내고 곤장 20대!"

20냥이면 당시 초가집 한 채를 사고도 남을 정도였어요. 체전부는 후회의 눈물을 뚝뚝 흘렸답니다.

급한 소식은 전보로! : 전신

"예언이 맞았다! 나라가 망할 징조라는 예언이 맞았다고!"

"아니, 그게 무슨 소리인가?"

"전설에 따르면 소나무들이 하얗게 늘어설 때 나라가 망하게 될 거라고 했잖은가. 진짜로 하얗게 헐벗은 소나무들이 줄줄이 나타났단 말일세!"

사람들은 놀라서 불안감에 떨었어요. 뒤숭숭한 소문에 몇몇 호기심 많은 사람들이 헐벗은 소나무를 찾아 나섰답니다. 정말로 헐벗은 소나무들이 산을 타고 들을 지나 줄줄이 서 있지 뭐예요? 그런데 나무에서 나무로 줄이 기다랗게 이어져 있었어요.

"저, 저건!"

"이제 보니 전신줄이구먼. 저건 전보를 보낼 때 쓰는 거라오. 보내는 쪽에서 신호를 보내면 저 선을 따라 받는 쪽에 전달이 되는 신문물이지."

편지는 일일이 걸어 다니면서 주고받는 것이라 소식을 보내고 닿는

데 며칠씩 걸렸어요. 전신은 순식간에 보내고 받을 수 있으니, 아무래도 급한 소식은 전신을 이용하는 게 훨씬 나았지요. 전신 제도는 우정총국이 생긴 다음 해에 시행되었어요.

전신을 이용해 보내는 소식을 '전보'라고 불렀는데요. 전보가 오가려면 신호를 전달하는 전신줄이 서로 이어져 있어야 했지요. 지금의 인터넷 선처럼 말이에요. 그 당시에는 전봇대가 없어서 겉껍질을 벗긴 하얀 소나무를 세우고 거기에 전신줄을 걸어 연결했답니다.

전신을 보낼 때는 거리에 따라 돈을 내야 했어요. 전달 속도가 느린 우편보다 훨씬 비쌌지요. 게다가 조선은 전신 기술을 중국에서 들여왔기 때문에 최초의 전신사들은 대부분 중국인들이었답니다.

그러다 보니 한자·영어·프랑스어로만 소식을 보낼 수 있었고, 외국어를 모르는 일반 백성들은 이용하기가 힘들었어요. 당연히 전신을 보내 본 적이 없으니 하얗게 속살을 드러낸 소나무에 걸린 줄이 전신줄인지도 모를 수밖에요.

원래 조선 시대에 흉년이 들면 소나무 속껍질을 벗겨 먹느라 산이 하얗게 변하곤 했어요. 그만큼 먹을 게 없으니 백성들이 난을 일으키기도 했고요. 그래서 헐벗은 소나무가 늘어서면 나라가 망할 징조라는 소문이 퍼진 거였지요.

원래 소문이라는 게 그렇잖아요. 흉년이 들어 소나무가 헐벗었는지, 전신을 놓느라 소나무가 헐벗었는지가 중요한 게 아니지요. 소나무가 하얗게 되었다는 게 중요한 거니까요. 고장 난 시계도 하루 두 번은 맞는다고 했던가요? 실제로 나라가 점점 기울어 얼마 후 대한 제국이 문을 닫고 말았으니 예언이 딱 맞아떨어진 셈이지 뭐예요?

편지나 전보 대신 말로 직접! : 전화

우편과 전신이 전국으로 확대되자, 1894년에 전보총국은 전화를 설치했어요. 전신은 하고 싶은 말을 부호로 바꾸어 주고받는 방식이다 보니까 아무래도 불편한 면이 있었어요. 뭐니 뭐니 해도 직접 말하는 게 최고지요.

전화는 처음에 텔레폰의 한자식 발음인 '다리퐁'이라고 불리기도 했고, 아예 뜻까지 한자로 적어서 '전어기'라고 불리기도 했어요. 전어기는 우선 궁궐과 조정의 각 행정 부서에 설치했답니다.

궁궐에는 총 아홉 대의 전어기가 있었지요. 고종이 전화를 걸면 신하들은 전어기에 대고 절을 세 번 올린 다음에 매우 공손하게 받았다나요.

신문물에 관심이 많은 얼리 어댑터 고종 덕분에 일찌감치 들여온 전어기는 설치된 지 삼 일 만에 사람 목숨을 구하는 성과까지 거두었다고 해요. 무슨 얘기냐고요?

1896년, 황해도 안악군 주막에서 만 스무 살이 된 김창수란 청년이 살인을 저질렀어요. 그는 일본인인 스지다 조스케란 사람과 주막에서 마주쳤는데, 일본인이 조선 사람 행세하는 게 이상해서 몰래 살펴

봤대요. 칼을 숨기고 있는 것도 수상하고요.

이리저리 추리해 보니 명성 황후를 시해한 범인들 중 하나가 아닐까, 하는 의심이 들었다나요? 김창수는 동학 농민 운동이 실패한 후일본에 대해 극도로 반감을 가지고 있었어요. 아무래도 그 일본인이 명성 황후 시해범이라는 생각이 들어서 살해를 하고 말았답니다.

그 당시 조선 조정은 친일파가 득실거리던 터라 살인범으로 체포된 김창수를 곧장 인천으로 압송했어요.

"김창수, 너는 조스케를 죽인 사실이 있는가?"

"맞소."

"살인을 왜 저질렀는가?"

"그자가 우리 국모를 죽이는 데 가담했기 때문이오."

사실 스지다 조스케라는 인물이 명성 황후를 시해한 사람인지 아닌지는 확실하지 않아요. 다만 대부분의 백성들이 만행을 부리는 일본에 엄청난 반감을 갖고 있었지요. 아무튼 김창수에게는 사형 선고가 내려졌고, 곧 이 사실이 고종에게 보고되었어요.

중전이 일본의 자객에게 살해당한 게 천추의 한이었던 고종은 이 소식을 듣자마자 온몸을 부들부들 떨며 내각을 소집했어요. 고종에게도, 조선 백성들에게도 김창수에게 살해당한 사람이 진짜로 명성 황후 시해에 가담했는지 여부는 전혀 중요하지 않았어요. 수상한 일본인이라는 것만으로 반감을 불러일으켰고, 김창수가 명성 황후 시해에 대한 복수를 했다는 사실만으로 애국자임이 틀림없다고 여겼지요.

"국모를 죽인 원수를 살해했는데 사형이라니? 말도 안 되오!"

법보다 감정이 우선시되던 시대였어요. 국모의 원수를 갚은 사람인데 사형을 받게 그냥 놔둘 수는 없었지요. 결국 고종은 살인범을 살리기로 결정하고 인천 감무영에 전화를 걸었어요.

"당장 김창수의 사형 집행을 정지하도록 하라!"

그러니까 전어기가 스무 살 청년의 목숨을 살린 거예요. 고종이 사형 집행 중지 명령을 내린 날로부터 겨우 삼 일 전에 전어기가 개통되었으니까, 며칠만 더 늦었어도 이 청년은 사형을 당해 죽었을지도 몰라요.

전어기 덕분에 가까스로 목숨을 건진 김창수라는 청년은 훗날 우리나라의 독립운동을 이끄는 전설적인 지도자로 기록된답니다. 김창수가 바로 '백범 김구'거든요.

어때요? 신문물이 사람들에게 어떤 영향을 끼쳤는지 이해가 되었나요? 우편, 전신, 전화, 이 세 가지 정보 통신 제도는 편리한 것뿐만 아니라 매우 중요한 역할을 했어요. 근대든 현대든 속도가 생명이니까요!

그래서 일본이 제일 먼저 눈독을 들였지요. 1905년에 '한일통신협정'을 맺으면서 조선은 세 분야의 권한을 일본에 모두 빼앗기고 말았어요. 조선 내에서 오가는 모든 정보는 일본의 감시를 받게 된 셈이었지요. 결국 조선의 눈과 귀를 마비시킨 거예요.

신문물의 홍수 속에서 휘청이는 사람들

박사님이 안 계시는 틈을 타서, 제가 하나만 더 이야기를 풀어 놓아야겠네요. 사실 박사님 설명이 좀……, 예스럽잖아요? 뭐, 나쁘다는 건 아니에요. 그냥 그렇다는 거죠.

아무튼 앞서 말씀드린 우편이나 전신, 전화는 나라에서 적극적으로 들여온 근대 문물이에요. 행정 부서를 만들어 관리들이 업무를 담당했고, 새 관청을 여는 날에는 큰 잔치까지 열었지요. 그렇지만 백성들이 편리하게 이용하기까지는 시간이 좀 걸렸어요.

이에 반해, 백성들 사이에 급속도로 퍼진 근대 문물도 있었어요. 대부분 먹고, 입고, 자는 데 쓰는 물건들이었지요. 이런 물건들이 일본과 강화도 조약을 맺자마자 물밀 듯이 조선으로 밀려 들어왔답니다.

양, 양, '양'자로 시작하는 물건은?

고종이 사랑하는 음료인 커피를 '양탕'이라고 불렀다고 앞서 이야기했지요? 여기서 '양'이란 서양에서 들어왔다는 뜻이에요. 양이 붙는 단어에는 신기하면서 편리하지만 너무너무 비싸서 아무나 사기 힘들다는 공통점이 있었어요. 그럼 양, 양, '양'자로 시작하는 물건들에는 무엇무엇이 있을까요?

개항 후 서양 사람들이 조선에 많이 들어왔어요. 보통 외교 활동을 하는 외교관이나 종교를 전파하는 선교사들이었지요. 이들은 처음에 조선의 전통 가옥인 한옥을 고쳐서 썼답니다. 그러다가 시간이 지나면서 자기네 나라에서 각종 건축 자재를 들여와 건물을 짓기 시작했어요. 주로 서양식 공사관이나 학교, 교회를 지었는데, 이런 건물들을 '양관' 또는 '양옥'이라고 불렀다고 해요. 지금까지 남아 있는 서울의 약현 성당에서 볼 수 있듯, 붉은 벽돌을 쌓아 올려 만든 것들이 대부분이었지요.

또 서양에서 들여온 남자 옷은 '양복', 여자 옷은 '양장'이라고 불렀어요. 사려는 사람의 몸에 맞게 양복점이나 양장점에서 맞춰 입었는데요. 값이 아주아주 비쌌답니다. 남자들은 군인의 제복에서 시작해 점차 돈 많은 사람들의 외출복으로 퍼져 나갔어요. 여자들의 경우는 궁궐에서 생활하는 여성들과 유학을 다녀온 사람들이 입기 시작하면서 따라 하는 사람들이 점점 늘어났지요.

양복과 양장을 갖춰 입으려면 모자와 지팡이, 구두 등의 소품이 필요했어요. 이런 소품 중에 '양산'도 있었는데, 서양 우산이란 뜻이에요. 원래는 햇빛을 가리기 위한 것이었지만 처음에는 여성들이 남성들의 시선을 가리는 용도로 썼다고 해요. 아, '양말'도 서양에서 들여온 의상 소품 중 하나예요. 곧 버선을 대신하게 되지요.

그 외에, 서양에서 들어온 음식을 '양식'이라고 불렀어요. 물론 당시에 일반 백성들은 접하기가 어려웠고 주로 왕실에서 연회를 할 때 차리는 음식이었지요. 이것 말고도 양초, 양잿물, 양은냄비처럼 '양'자로

물 건너온 게 최고야! 써 보면 금방 알아!

시작하는 서양 물건들이 조선을 강타했답니다. 그리고 보니 지금까지 나열한 단어들—양옥, 양복, 양산, 양말 등등—이 전부 개항기에 들어와 지금까지도 즐겨 쓰는 물건들이네요. 어때요, 이제 개항기가 좀 가깝게 느껴지나요?

새로운 소식을 알리는 '신문'이 나타나다

세계에서 제일 좋은 금계랍을 이 회사에서 또 새로 많이 가져와서 파니, 누구든지 금계랍을 장사하고 싶은 이는 이 회사에 와서 사 가시고, 그러면 도매금으로 싸게 주리라. _세창양행 제물포

1897년, 〈독립신문〉에 실린 금계랍 광고예요. 금계랍은 전염병인 말라리아를 치료하는 치료제 '키니네'를 뜻해요. 이 약이 들어오기 전까지 조선 사람들은 수시로 말라리아에 걸려, 노인이나 아이들의 경우 열에 네다섯은 죽었어요. 치료제가 없었기 때문이지요. 그러다 치료제가 들어왔으니 얼마나 반가웠겠어요!

나라에서 차린 '제중원(서양식 근대 병원)'에서 다른 약은 싸게 팔았지만 금계랍만큼은 매우 비싸게 팔았어요. 찾는 사람이 하도 많았기 때문이에요. 그때만 해도 이 약을 만병통치약으로 알고 있었거든요. 소화가 안 되거나 열이 날 때도 금계랍만 먹으면 고칠 수 있다고 믿었

다나요? 너도나도 금계랍만 찾다 보니 가짜도 많이 나왔다고 해요.

그런데 금계랍과 같은 물건들을 해외에서 수입하면 주로 신문 광고를 통해서 사람들에게 알렸어요. 사실 조선 시대에는 신문이 없었어요. 〈저보〉라고 조정에서 발행하는 관청 신문이 있었는데, 나라의 비밀이 누설된다는 이유로 조선 시대 중반에 없애 버렸거든요. 그러다 개항 이후 서양의 신문이 조선에 들어온 거예요.

최초의 신문은 1883년에 발간한 〈한성순보〉였는데, 이후 〈독립신문〉, 〈황성신문〉 등이 발간되었어요. 예나 지금은 신문은 새로운 소식을 알리는 것이 주된 임무지요. 하루가 다르게 변화하던 시대였던만큼 신문에 실을 내용도 많았고, 그만큼 인기도 높았답니다.

'왜 근대화를 해야 하는지', '외국 세력을 어떻게 물리쳐야 하는지',

'백성들이 무엇을 알아야 하는지' 등 조선의 나아갈 길에 대해 알리는 기사가 매일같이 실렸어요. 당연히 반일 감정이 실린 기사가 많았고, 그 이유로 일본에 나라를 빼앗긴 후에는 대부분 폐간되었답니다.

서양 상품이 몰고 온 빛과 어둠

[다음 글에서 잘못된 부분을 찾아보시오!]

1800년, 어느 여름날이에요. 한 여인이 아침 일찍 일어나 눈을 비볐어요. 외출을 해야 한다는 사실이 떠올라 비누로 손을 씻고 서둘러 단장을 했지요. 오늘은 새로 맞춘 양장에 새로 산 고무신을 신고 나갔어요. 햇빛이 너무 강해 양산으로 얼굴을 가렸지요. 외출의 목적은 사진 촬영이었어요. 사진을 찍어 유학 간 친구에게 보내 주기로 했거든요. 하루 종일 돌아다니다 집에 돌아왔더니 방에는 벌써 석유 등잔불이 켜져 있었어요.

조선 시대 한 여인의 이야기를 써 보았어요. 뭔가 이상하지 않나요? 개항 전에는 없었던 물건들을 이야기 속 여인이 사용하고 있지요. 개항 전인데 비누가 있고, 고무신이 있다니요? '양'자로 시작하는 양장을 입고 양산도 썼네요.

사진기 역시 개항 후에 들어왔는데요. 조선 사람들은 사진에 찍히면 영혼을 빼앗긴다고 생각해서 무척 꺼려 했다고 해요. 그런데 기분 좋게 사진을 찍는다는 건 말이 안 되지요. 거기에 1880년경이나 되어야 조선에 들어온 석유를 담은 석유 등잔이라니!

사실 개항 후 외국에서 조선에 들어온 물건 중에 편리하지만 알맹이는 쏙 빠진 것들이 많았어요. 석유 등잔불만 해도 그래요. 예전에 사용하던 아주까리기름이나 쇠기름에 비해 연기도 덜 나고 오래 쓸 수 있어서 편리했지만 그만큼 아주아주 비쌌지요. 짚으로 삼은 짚신을 대신하게 된 고무신은 또 어떻고요? 비 오는 날에도 신을 수 있어서 편했지만 역시 무척 비싸서 아무나 신지 못했답니다.

그 당시 조선이 외국과 하던 통상은 서로에게 부족한 걸 채우기 위

강화도 조약으로 조선에서 배를 불린 일본

강화도 조약을 맺은 후, 조선과 일본 사이에 무역 규모가 오 년여 만에 삼십 배까지 늘어나게 되었다. 일본 상인들은 쌀을 비롯한 조선의 곡물을 싼 가격에 구입해 일본으로 가져갔는데, 일본에서 비싸게 팔아서 많게는 열다섯 배까지 이윤을 남겼다.

또 표백까지 되어 있는 품질 좋은 영국산 면직물을 헐값에 들여와 아직 면직 가공 기술이 발달하지 않은 조선에 비싸게 판매했다. 이로써 조선의 면직 산업은 망해서 사라지게 되었고, 막대한 이윤을 남긴 일본 상인들은 조선의 곡물을 쓸어 담아 본국으로 가져갔다. 결국 조선에서 곡물 가격이 폭등해 백성들이 굶주리게 되었다.

이는 일본 상인들이 수출입하는 상품에 관세를 매길 수 없다는 강화도 조약의 불평등한 조항 때문이었다. 따라서 조선은 내수 산업을 키울 수 있는 시간을 전혀 확보할 수 없었다. 조선에서는 곡물의 반출을 막기 위해 곡물 거래를 금지하는 '방곡령'을 선포하기도 했으나, 일본 정부의 압력으로 방곡령을 취소하고 배상금까지 물어야 했다.

해 비슷한 수준의 물건들을 주고받는 대등한 통상이 아니었어요. 한 쪽은 일일이 손으로 몇 달에 걸쳐 만든 물건을 들고 왔는데, 다른 한 쪽은 공장에서 대량으로 찍어 내는 물건을 들고 왔으니 누가 더 불리했을까요? 불편해도 농사를 지으며 거둔 만큼 먹고살던 조선 백성들은 편리함과 신기함을 맛본 대신, 경쟁할 수 없는 통상으로 인해 크나큰 문제를 떠안게 되었답니다.

강화도 조약에 결사반대한 최익현이 걱정하던 게 현실이 된 셈이었어요. 필수품인 농산물은 싼값으로 빠져나가고, 비싼 공산품이 수입되어 백성들만 점점 더 가난해지는 현상 말이에요. 게다가 불평등 조약으로 인해 손해만 보는 상황이 생겨도 고치거나 항의조차 할 수 없었답니다.

조선의 상권은 이미 서양 상품의 파도를 경험해 본 잇속 빠른 일본인 장사꾼들에게 다 빼앗기고, 공장에서 만든 서양의 값싼 면직물이 들어오며 조선의 수공업자들은 전부 쇠락해 갔어요. 상황을 파악하고 장기적인 대비를 한 뒤 나라의 문을 여는 것과 우왕좌왕하다 문이 부서져 어쩔 수 없이 개방당한(?) 것 사이에는 엄청난 차이가 있을 수밖에요.

아시아 식민지의 역사
··· 동인도 회사의 수탈에서 식민 지배까지 ···

오랜 세도 정치로 허약해진 조선이 척화냐 개화냐로 고민할 때, 조선 밖 사정도 급박하게 돌아가고 있었다. 당시 서유럽은 아프리카와 아시아 여러 나라들을 점령하려는 야욕을 보이며 차근차근 실행에 옮기고 있었다. 사람 사는 모양새에 비교하자면, 열심히 근육을 키운 서유럽이 동네 여기저기를 어슬렁거리면서 힘 약한 사람만 골라 무릎 꿇리고 돈 뺏던 시대라고 할 수 있겠다. 그 힘을 어떻게 키웠을까?

포르투갈과 에스파냐를 시작으로 네덜란드, 영국, 프랑스가 그 뒤를 따르면서 서유럽 여러 국가들은 해외 시장을 개척하며 점점 부유해졌다. 그렇게 쌓은 자본으로 과학 기술을 발달시켜 산업은 더 정교해졌다. 튼튼한 배를 만들고 항해술이 발달하자, 해외에서 물건을 가져와 돈을 벌었다. 그 돈을 다시 기술에 투자하자 산업이 더 발달하면서 나라가 부유해지는 과정을 되풀이한 것이다.

특히 17세기 무렵 유럽의 배를 불린 대표적인 무역을 '삼각 무역'이라고 부른다. 대서양을 중심으로 유럽과 아프리카, 아메리카를 잇는 삼각형 노선을 따라 무역을 해서 그런 이름이 붙었다.

원리는 이렇다. 유럽에서 개발한 최신 총포, 화약 등을 배에 싣고 아프리카로 향한다. 아프리카 각 부족에 무기를 팔아 서로 싸우게 하고, 그들이 넘긴 패전 부족을 노예로 사서 아메리카의 사탕수수, 커피 농장 등에 팔아넘긴다. 그곳에서 노예들이 만든 설탕과 커피를 유럽으로 가져가 파는 게 마지막 단계다. 유럽은 이렇게 해서 막대한 부를 쌓았다.

그렇지만 인간의 탐욕은 끝이 없는 모양이다. 서유럽 상인들은 아프리카 대륙을 돌아 아시아에 손을 뻗쳤다. 16세기 대항해 시대에 이미 아시아로 가는 항로를 개척해 놓은 서유럽 국가들은 무역하기 딱 좋은 길목인 인도양 부근에 눈을 돌렸다. 이곳은 서유럽에서 금보다 귀하게 대접받는 후추, 육두구 등 갖가지 향신료가 생산되는 곳이었다. 서양 세력은 인도와 동남아시아 일대를 강제로 차지하기 시작했는데, 이렇게 서양 세력이 동양을 차지하는 걸 가리켜 '서세동점(西勢東漸)'이라고 부른다.

아시아를 점령한 동인도 회사

서유럽 국가들은 최신 무기와 막강한 자본을 바탕으로 인도양 부근에 '동인도 회사'라고 하는 무역 회사를 세웠다. 회사라고 하니 정상적인 무역을 하는 듯 보이지만, 주요 업무는 무력을 앞세워 아시아 국가들의 중요한 물산을 본국으로 빼돌리는 일을 했다.

이를 특히 잘 활용한 나라가 네덜란드였다. 17세기에 네덜란드는 인도양 지역의 섬들을 거쳐 인도네시아에 정착한 뒤, 후추와 육두구 등 향신료를 독점하기 위해 동인도 회사를 세웠다. 동인도 회사의 사장이 곧 식민지의 우두머리나 다름없었다. 인도네시아는 사실상 네덜란드의 식민지로 전

락했고, 이후 350년간 식민지 상태가 지속되었다. 네덜란드가 얼마나 굳건히 인도네시아를 지켰던지, 해상 강국으로 발돋움하던 영국조차 이 지역에서 네덜란드에 의해 쫓겨날 정도였다.

쫓겨난 영국은 인도로 눈을 돌렸다. 인도에는 향신료만큼이나 유혹적인 면화와 면직물이 있었다. 기록에 따르면, 인도 사람들은 기원전 3,000년경부터 면화를 키웠다고 한다. 그 정도로 인도는 면화를 키우기에 최적화된 땅이었고, 1750년 무렵 세계에서 유통되는 면화의 25%를 차지할 정도로 면화의 주요 생산지였다. 뿐만 아니라 면화를 이용해 면직물을 만드는 세계 최고의 기술도 보유하고 있었다. 비록 손으로 직접 짜는 방식이었지만, 화려한 색깔로 염색한 면직물은 비교할 대상이 없을 정도였다.

인도의 면직물은 곧 서유럽에서 대유행을 일으켰다. 까칠한 모직물을 주로 이용하던 서유럽 사람들에게 면직물은 혁명적인 소재였다. 면직물의 인기가 높아질수록 영국은 인도에 많은 은을 지불하고 면직물을 수입하게 되었다. 그러다 문득 손해라는 생각이 들었던 모양이다.

'그냥 뺏으면 되는데 왜 돈을 주고 사 오는 거지?'

식민 지배로 드러낸 착취의 민낯

영국은 면직물 대국 인도를 삼키기로 했다. 플라시 전투에서 프랑스에 결정적인 승리를 거둔 영국은 인도를 온전히 차지했다. 그리고 인도에서 본토로 면직물을 실어 나르기 시작했다. 당연히 헐값이었다. 곧이어 영국은 면직물을 흉내 내어 만들기 시작했고, 막강한 자본을 바탕으로 방직기 등 최신 기계를 발명했다. 그와 동시에 산업 혁명이 완성되었고, 전 세계 식민지에서 끌어모은 돈이 돌고 돌아 영국의 부를 폭발시켰다.

상대적으로 인도는 영국에 면화를 죄다 빼앗기고, 기계로 짠 영국의 면직물을 강제로 구입해야 했다. 영국에 의해 국내 기술자들이 대부분 빠져나간 데다 가격 면에서 경쟁이 되지 않아 인도의 면직물 산업은 붕괴될 수밖에 없었다. 이로써 인도는 오랜 기간 영국의 손아귀에서 벗어나지 못한 채 착취당했고, 세계 최고의 면직물 생산지로 떠오른 영국은 '해가 지지 않는 나라'의 바탕이 되는 자본을 차근차근 쌓았다.

영국에 의해 인도에서 쫓겨난 프랑스는 베트남으로 눈을 돌렸다. 프랑스는 베트남이 기독교도를 박해한다며 트집을 잡아 군대를 파견했고, 곧 베트남을 프랑스령 보호국으로 못 박았다. 프랑스는 베트남 인근 라오스와 캄보디아까지 묶어 '프랑스령 인도차이나'라고 이름 붙인 뒤 식민지로 삼았다. 이후 인도차이나 반도의 향신료뿐 아니라 식료품과 고무 등 수많은 물산이 프랑스로 빠져나갔다.

인도, 말레이시아, 인도네시아, 필리핀, 베트남, 미얀마 등 아시아 대부분의 국가들은 제2차 세계 대전이 끝난 후에야 식민 지배에서 벗어나 독립국이 되었다.

1865년, 영국의 포츠머스에서 열린 박람회에 프랑스 군함이 들어서는 장면이다. 영국과 네덜란드, 프랑스 등은 강력한 함대를 만들어 아시아의 바다를 종횡무진 오갔다. 무기와 자본에서 밀린 아시아 국가들은 식민지가 되어 철저히 착취당했다. ⓒwikimedia common

급변하는 사회에 스며드는 조선인

어유, 잠깐 자리를 비운 사이에 알파봇이 뭔가 이야기를 많이 했나 보네. 녀석, 생각보다 아는 게 많은 걸 보니 기특하군. 엥, 근데 내 해설이 예스럽다고? 어……, 눈치채고 그새 튀었네.

예스러운 게 꼭 나쁜 건 아니야. '옛날의 멋'이라는 뜻이기도 하니깐. 그린데 지금 이야기하고 있는 개항 후 조선은 예고 없이 밀려든 서양 문물 때문에 예스러움 따위를 느낄 틈이 없는 시기였어. 쏟아진 신문물 덕에 조선 사람들의 시야가 점점 넓어지기 시작했지. 특히 학교나 의료 분야에서는 근대 국가로 바뀌는 풍경을 쉽게 찾아볼 수 있었어. 이번엔 나, 멍 박사가 예스럽게 설명해 줄게.

외국어 능력자를 찾습니다!

조선은 일본과 강화도 조약을 맺은 후 다른 나라와도 차례로 조약을 맺었어. 1882년, 제물포 화도진에서는 서양 국가 중 최초로 미국과 통상 조약을 맺었지. 그런데 당시 조선에는 영어를 할 줄 아는 사람이 없어서 할 수 없이 중국인인 마젠중이 중간에서 통역을 해 주었어. 한 나라의 조약 체결을 외국 사람이 통역했다니 놀랍긴 해. 그만큼 조선이 개항에 대한 준비가 부족했다는 거겠지.

아무튼 어찌저찌 조약을 맺은 고종은 미국으로 보빙사를 보냈어. 보빙사는 미국과 유럽을 두루 돌며 구경하고 와 고종에게 결과를 보고했는데, 보고를 받은 고종은 미국이야말로 열심히 배워야 할 나라

여기서 잠깐!

근대 문물과 함께 변하는 사회의식

근대 문물이 조선에 들어오면서 민중들의 의식도 점차 변하기 시작했다. 동학이 퍼지면서부터 양반과 상민이 서로 평등하다는 주징이 제기되었지만 현실에서는 여전히 구별이 있었다. 그러다 개화파가 주도해서 만든 독립 협회의 활동이 활발해지면서 신분제에 대한 의식의 변화가 두드러지기 시작했다. 독립 협회가 개최한 만민 공동회에서 가장 천한 신분으로 여기던 백정이 대표로 나서서 "나는 가장 천하고 무지한 사람이나, 애국이 무엇인지 안다."고 한 연설은 사회의 변화를 보여 주는 대표적인 예라고 할 수 있겠다.

하지만 근대 문물의 상징으로 여겨지던 전차에 양반이 타는 칸과 상민이 타는 칸이 따로 구분되어 오래 유지되었던 점, 또 일본에 나라를 빼앗기자 전국 각지에서 의병들이 들고일어나 모였으나 평민 출신 의병장들은 천하다 여겨 돌려보냈던 상황 등을 볼 때, 신분에 대한 뿌리 깊은 차별이 없어지기까지는 더 많은 시간이 필요했다.

라고 확신했어. 그러려면 당연히 영어를 배우는 게 급선무였겠지?

"영어를 할 줄 아는 조선인이 많아야 한다!"

영어가 곧 무기가 되는 시대가 활짝 열렸어. 고종은 원어민이 영어부터 근대 서양 학문까지 싹 다 가르치는 육영 공원을 세웠어. 육영 공원에 입학한 대표적인 인물이 이완용이야. 당시 젊은 관리였던 이완용은 육영 공원에서 영어를 배운 덕분에 친미파가 되었다가, 친일파가 되었다가 마음대로 자리를 옮길 수 있었어. 아무튼 최고의 기회주의자 이완용이 선택했다는 건, 당시 육영 공원이 성공으로 가는 지름길이나 다름없었다는 의미겠지.

영어를 잘해서 조선 최고가 된 사람, 하니까 생각나는 인물이 한 명 더 있네. 길거리에서 찹쌀떡 장수를 하던 이하영인데, 훗날 영어 하나로 외무대신이자 대부호가 된 사람이야.

부산 길바닥에서 장사하며 가난하게 살던 이하영은 어쩌다 일본인 가게에서 일하는 심부름꾼이 되었어. 거기서 일본어와 장사를 배웠는데, 장사에는 소질이 없었던지 아니면 운이 없었던지 자신이 가게를 냈다가 말아먹고 말았지.

그때 이하영은 새로운 기회를 냉큼 잡았어. 미국인 선교사 알렌의 심부름꾼 자리였지. 출중한 언어 능력만큼이나 눈치코치도 무척 빨랐던 모양이야.

아무튼 알렌의 심부름을 하면서 얻어들은 영어로 이하영은 조선에서 몇 안 되는 영어 가능자가 되었고, 곧 영어 통역관으로 뽑히게 돼. 그렇게 미국의 조선 공사관에서 일하게 되어 차근차근 승진 단계를 밟아 결국 외무대신까지 오르게 된 거야.

그때는 출세에 야심이 있는 사람이라면 다들 영어를 배워야 한다고 생각했어. 육영 공원 외에도 다른 근대 학교가 속속 설립되면서 외국어를 배우는 청년들이 점점 늘어났지.

물론 청년들 중에는 이완용과 달리, 애국 계몽 운동을 펼치며 나라에 도움 되는 일을 하려는 사람도 많았어. 당시 미국인이 작성한 보고서에 따르면, 조선인은 중국이나 일본인들에 비해 유난히 발음이 좋고 표현력이 뛰어났다나.

남존여비는 이제 그만!

[여권 통문]
첫째, 여성도 온전한 인간이다.
둘째, 여성도 경제적 능력을 가져야 한다.
셋째, 여성도 배워야 한다.

1898년 〈독립신문〉과 〈황성신문〉에 실린 조선 최초의 여권 주장 선언이야. 북촌 양반가 여성들이 '찬양회'라는 단체를 만들어 조선 여성의 권리를 선포했을 때 발표한 글이지. 이후 이들은 고종에게 상소문을 올리기도 했어.

새로운 시대를 맞아 고하노니 조선의 여성에게도 관직의 길을 열어 주십시오. 또 여성들이 쓰고 다녀야 하는 쓰개치마를 쓰지 않아도 되도록 해 주시고, 남자와 여자를 차별하는 법을 없애 주십시오. 마지막으로 불치병을 앓는 남편과 헤어질 수 있도록 허락해 주십시오.

여성 단체의 주장은 받아들여졌고, 찬양회는 '순성 여학교'라는 최초의 여학교를 세웠어. 처음에는 소수로 시작했지만 나중에는 천 명 가까이 되었다고 해. 이제 개화는 남성들만의 것이 아니었어. 여성들도 온전히 개화에 뛰어들게 되었지. 여성 단체와 여학교는 조선 백성의 절반을 차지하는 여성의 의식을 일깨움으로써, 이후 활발한 독립 운동으로 이어지는 계기를 만들었어.

서양 의술을 베푸는 조선인 의사?

"모든 인간은 평등하니 모두에게 의료 혜택을 주어야 합니다."

서양 의사 에비슨이 조선에 들어와 한 말이야. 그는 남녀노소, 빈부 귀천을 막론하고 치료가 필요한 사람을 찾아가 의료 기술을 펼치면서

조선의 마지막 신분 해방 운동, 형평 운동

조선 시대는 신분제 사회였다. 임금을 보필해 나라를 다스리는 양반, 농사를 짓고 상업 활동을 하는 상민, 노비와 기생 등의 천민으로 철저히 나뉘었다. 그러다 갑오개혁 이후 신분 제도가 점차 해체되기 시작한다. 앞서 등장한 이하영처럼 외국어에 능통하거나, 장사를 해서 돈을 많이 벌거나 하면 양반 못지않게 떵떵대며 살 수 있는 시대가 온 것이다.

그런데 이렇게 신분에 의한 차별이 점차 희미해지는 시대 상황에서도 계속 차별을 받은 직업이 있었는데, 바로 '백정'이었다. 백정 가족은 상투를 틀거나 비녀만 꽂아도 욕을 먹었고, 공공장소에서 열리는 집회나 종교 행사에서도 기피당하기 일쑤였다.

일제 강점기인 1923년, 경상남도 진주에서 백정의 자식이라는 이유로 학교 입학을 거부당하는 일이 발생했다. 그러자 울분에 찬 백정들이 모여 목소리를 높였다. 신분 해방 운동인 '형평 운동'이 벌어진 것이다! 형평 운동은 단지 신분 처우 개선에 대한 사회 운동에 국한된 게 아니라 교육 운동, 나아가 일제에 대한 독립 운동으로까지 확장되었다. 결국 일제의 탄압으로 꺾이게 되지만 모두가 평등한 세상으로 나아갈 수 있는 계기를 마련했다는 데 큰 의미가 있다고 평가받는다.

자신의 말을 그대로 실천했지.

차별 없는 그의 태도에 엄청난 감명을 받은 사람이 있었어. 백정 출신 박성춘이야. 1895년, 조선에서 백정에 대한 차별을 철폐한다는 내용의 공문이 붙었어. 길을 가다 누구한테 돌팔매질을 당해도 항변조차 할 수 없었던 조선의 마지막 천민인 백정에 대한 차별을 금지하겠다는 것이었지. 이 년 전, 장티푸스에 걸려 에비슨에게 치료받은 적이 있던 박성춘은 이제 백정도 교육받을 수 있다는 사실을 알고는 아들 박서양의 손을 끌고 에비슨에게 달려갔어.

"백정도 사람 취급해 준 의사 양반, 제발 제 아들을 거두어 가르쳐 주십시오."

신분 차별을 혐오했던 에비슨은 박서양을 받아들이고 환자들 뒤치다꺼리 일을 맡겼어. 몇 년 동안 성실하게 시키는 일을 해내자 박서양에게 본격적으로 의술을 가르쳤지. 박서양은 에비슨을 따라다니며 치료를 돕다가 의학 대학인 세브란스 대학에 입학했어. 그리고 몇 년 후 무사히 졸업해 최초의 서양 의사 일곱 명 중 한 명이 되었지.

박서양은 자신이 배운 것을 조선 사람들에게 베풀었어. 의학 대학에서는 의술을 가르쳤고, 계몽 운동에도 참여했지. 나라를 일본에 빼앗긴 후에는 만주로 건너가 조선 독립군과 조선인 이민자들을 치료했어. 백정 차별이 계속되었다면 절대 나올 수 없었던 인물이 수많은 조선 사람들의 목숨을 구한 거야.

조선의 마지막, 한일 병합

아아, 여기는 알파봇. 다시 궁궐 마당 상소의 현장입니다. 오늘 만나 볼 분은 마지막 과거 시험 급제자인 이상설 선생입니다. 곁에서 안타깝게 바라보는 대신이 있는데, 무슨 일인지 인터뷰해 보겠습니다.

알파봇

이 추운 날 저렇게 종일 엎드려 있으면 동상에 걸리지 않을까요? 대체 무슨 요구를 하느라 저리 애통하게 외쳐 대는지 혹시 아세요?

신하 1

일본 놈들이 강제로 을사늑약을 맺지 않았습니까? 그걸 철회하라는 것이지요. 대한 제국의 외교권을 일본에 넘긴다는 건 말도 안 되는 일이니까 말이오.

알파봇

외교권을 다른 나라에 넘긴다고요? 임금이야 일본의 협박에 공식 항의를 할 수 없다손 치더라도 신하들은 반대해야 하는 거 아닌가요? 대체 다른 신하들은 다 어딜 가고 혼자이신 거에요?

신하 2

사, 사실 다른 신하도 입은 있지요. 다만 목숨이 아까울 뿐……. 이상설 대감은 너무 뛰어나 아무도 함부로 못 할 사람이기에 목소리를 높일 수 있는 거지요.

신하 3

맞습니다. 지난번 황무지 개간 권리를 일본이 빼앗으려고 수를 썼을 때도 이상설 대감이 나서서 무산시켰지요. 그래서 이번에는 저분을 쏙 빼고 간신배들만 불러 모아 조약을 맺었다고 합니다.

알파봇

아, 충신들은 빼고 을사늑약을 맺어 버린 것이었군요! 러시아와의 전쟁에서 승리를 거둔 일본은 대한 제국을 삼키는 데 방해물이 없어졌으니, 이때다 싶어서 자신들의 야심을 확실히 드러낸 모양이네요, 그쵸?

이상설

폐하! 이 거지 같은 조약은 조약의 이름도 없고 황제의 도장도 찍히지 않은 가짜입니다. 절대 승복하지 마시고 이 조약이 잘못되었다는 사실을 전 세계에 알려야 합니다!

알파봇

온몸이 꽁꽁 언 듯한데, 이상설 선생의 목소리만은 아직 카랑카랑하네요. 과연 어떻게 될까요?

신하 1

이미 물은 엎어졌소. 다시 못 담는단 말이오! 궁궐 밖에 한 번 나가 보시오. 민영환과 조병세 같은 충직한 대신들은 자기 탓이라며 스스로 목숨을 끊었소. 장지연은 〈황성신문〉에 '시일야방성대곡(是日也放聲大哭)'이라는 잘못된 조약을 통탄하는 논설을 실었지요. 수많은 관리들이 상소를 올리고 일반 백성들도 억울하다며 들고일어났소. 예전보다 훨씬 큰 규모의 의병들이 전국 곳곳에서 일어났다고 하니, 과연 일본의 계략을 막을 수 있을지 지켜봐야 하겠지요.

헤이그 특사를 파견하다

궁궐 앞에서 조약이 무효라며 외치던 이상설 선생이 이 년 뒤 유럽 국가 네덜란드의 헤이그라는 도시에 나타났습니다. 이곳에서 세계 강대국들이 모여 '만국 평화 회의'를 열었다고 해요. 이상설 선생은

'을사늑약이 무효라는 사실을 세상에 알려야 한다!'는 주장을 그대로 실천하려는 것 같아 보이네요.

이상설 선생은 스스로 영어·불어를 익히고 수학·화학·정치학 등 근대 학문을 독학으로 깨친 분입니다. 외국어 실력은 물론 논리력·설득력 어느 하나 부족한 것이 없는 데다, 나라에 대한 충성심마저도 따라갈 수 없을 정도지요.

고종은 을사늑약 후 연변으로 몸을 피해 '신흥 무관 학교'를 운영하던 이상설 선생에게 비밀리에 명령을 내립니다. 이위종과 이준을 이끌고 전 세계 강대국들이 모인 평화 회의에 참가해 을사늑약이 무효

임을 알리라고요.

세 명의 특사는 헤이그에서 각종 기자 발표회에 참여해 진실을 알렸어요. 일본이 어떻게 속임수를 썼는지 알리는 호소문과 기사를 써서 다른 나라 사람들에게 적극적으로 홍보했지요. 이위종은 만국 기자 회의에서 '한국에 대해 호소하다'라는 연설을 해 전 세계 기자들을 울리기도 했답니다.

하지만 일본의 방해로 본 회의에는 참가하지 못했어요. 그래도 전 세계에 대한 제국의 상황을 알릴 수 있었지요. 또 이때의 경험이 1920년대 외교를 통한 독립운동에 바탕이 되었답니다. 비록 성공하지는 못했지만, 역사적인 활동이었다고 할 수 있겠네요.

정미칠조약을 맺다

일본도 가만히 있지만은 않았어요. 헤이그 특사를 파견했다는 책임을 물어 고종을 임금 자리에서 내쫓아 버렸거든요. 그러고는 고종의 아들 순종이 왕위를 잇도록 했지요. 그런 다음에는? 당연히 일사천리로 조선을 식민지로 만드는 작업에 착수했어요.

1907년, 정미칠조약이 체결되었어요. 앞으로 대한 제국 정부의 법과 행정은 모두 일본 통감에게 승인을 받아야 한다는 내용이었답니다. 이제 대한 제국 정부는 일본에서 파견된 통감의 승인 없이 아무 일도 할 수 없게 되었지요.

그다음 단계는 일본에 저항할 수 있는 모든 수단을 빼앗는 것이었어요. 바로 '군대 해산' 명령이었지요.

"대한 제국 군인들은 전부 연무장에 모이도록!"

군인들은 무슨 일인가 싶어 어리둥절했어요. 그때 2대대 쪽에서 총소리가 들렸지요.

"박승환 대대장이 자결했다! 군대 해산에 불복한다!"

군대를 해산하라는 명령에 따르지 않겠다는 뜻으로 대대장이 목숨을 끊은 거예요. 그 소식을 들을 대한 제국의 군인들이 무기를 들고 나섰어요. 곧이어 총격이 벌어졌지요. 대한 제국 군인들은 용감히 싸웠지만 일본의 압도적인 화력 앞에 결국 패하고 말았답니다. 살아남은 군인들은 만주로 건너가 조선 독립을 위한 의병이 되었어요.

오백 년의 역사가 막을 내리다

전국에서 의병이 일어났어요. 하지만 군사력에서 일본과 큰 차이를 보여 사천 명이 넘는 수가 체포되거나 죽임을 당했어요. 그래도 대대석인 의병의 활동은 일본을 꽤나 괴롭혔지요. 여기에 개인적인 저항도 일본을 오싹하게 만들었답니다. 독립투사들이 을사늑약을 주도한 친일파 매국노들을 찾아가 암살을 시도했고, 심지어 일본과 미국 등 해외에서 일본을 도운 외국인들을 암살하기도 했어요.

암살 시도 중에서 독립운동가 이재명이 이완용을 칼로 찌른 사건은

백성들의 울분을 어느 정도 덜게 했답니다. 물론 이완용이 부상에 그친 걸 아쉬워한 사람이 더 많았지요. 그래도 그보다 두 달 전, 하얼빈에서 일어난 사건의 소식이 있어 그 아쉬움을 날릴 수 있었어요.

"탕, 탕, 탕, 탕, 탕, 탕!"

여섯 발의 총성이 하얼빈 역을 뒤흔들었어요. 그중 세 발이 통감 이토 히로부미의 가슴과 배에 꽂혔어요. 그 자리에서 사망한 이토 히로부미는 을사늑약을 추진한 대표적인 인물로 일본에서는 대단히 추앙받는 정치인이었답니다. 당연히 조선 백성들에게는 나라를 빼앗은 원흉이었지요. 안중근이 이토 히로부미를 사살했다는 소식에 일본은 초상집이 되었고, 조선 백성들은 덩실덩실 춤을 추었어요. 중국은 왜 자기네 나라에는 안중근 같은 인물이 없냐며 불평했다나요.

이렇게 끊임없이 저항하며 맞서 싸웠지만 차곡차곡 진행된 일본의 한일 병합은 막을 수 없었어요. 1910년 8월 29일, 각종 신문에 일본과 대한 제국의 병합이 발표되었어요. 어차피 마지막 한 걸음인 형식적인 병합이기 때문에 임금도 백성들도 적극적으로 대항하지 못했지요. 그날, 조선 역사 오백 년의 문은 조용히 닫히고 말았답니다.

여기서 잠깐!

을사오적은 누구인가?

1905년, 러일 전쟁에서 승리한 일본은 미국 등 열강들과 만나 대한 제국을 삼키는 걸 인정하겠다는 합의를 이끌어 냈다. 이후 강대국들의 묵인하에 대한 제국의 외교권을 일본에 넘긴다는 조약서를 고종에게 내밀었으나 고종은 여러 차례 서명하기를 거부했다.

그러자 일본은 고종이 참석하지 않은 채로 어전 회의를 열었는데, 여기에 참정대신 한규설, 탁지부대신 민영기, 학부대신 이완용, 법부대신 이하영, 군부대신 이근택, 내부대신 이지용, 외부대신 박제순, 농상공부대신 권중현이 참석했다. 이 중에서 한규설, 민영기는 을사늑약에 격렬하게 반대했고, 이하영은 소극적으로 반대했다. 그렇지만 나머지 이완용, 이근택, 이지용, 박제순, 권중현의 찬성으로 조약이 체결되고 말았다. 일본의 의도대로 을사늑약을 체결한 다섯 명의 매국노를 '을사오적'이라고 부른다.

이후 을사오적은 공공의 적이 되었고, 어디를 가든 살해 위협을 당했다. 나철, 오기호 등 몇몇 독립투사들은 암살단을 구성해 수시로 을사오적의 암살을 시도했으나 대부분 실패로 끝나고 말았다. 이들 다섯 명은 현대에 만들어진 친일파 명단에서 맨 앞을 차지하고 있다.

파란만장한 조선의 끝자락

개항에 바로 앞선 시기, 그러니까 1860년대는 세도 정치의 시기였어. 이때부터 1910년에 나라를 빼앗길 때까지 벌어진 굵직한 사건들은 오백 년 조선 역사 속에서도 아주아주 뼈아픈 순간이라고 할 수 있지. 이때 일어난 사건들이 연속해서 다른 사건을 불러일으켰고, 그 과정에서 벌어진 실책들이 일제의 침략으로 이어졌으니 말이야.

만장이에게 답장을 하기 전에 간략하게 정리해 볼까?

어린 고종이 왕위에 오른 후 흥선 대원군이 권력을 쥐면서 세도 정치로 곪아 가던 조선을 치료하고자 개혁을 단행했어. 그 와중에 조선 바다에도 이양선이 출몰하기 시작했지. 근대화를 마친 서양 여러 나라들이 인도, 동남아시아와 중국에 진출한 뒤 그 옆의 조선에까지 손을 뻗은 거야.

중화사상에 젖어 성리학을 바탕으로 삼지 않은 나라는 모두 오랑캐라고 여기던 조선의 권력층은 심하게 동요했어. 게다가 강성하던 중국 대륙의 청나라마저 그들 손에 당했다고 하니, 무섭기도 하고 불안하기도 해서 통상을 전면 거부해 버렸지.

또 강하게 통상을 요구하던 서양 세력과 '병인양요', '신미양요'라는 전투를 치르면서 개항을 거부하려는 자세는 더욱 확고해졌어. '척화비'라는 비석을 세워 오랑캐와 친하게 지내자고 주장하는 사람들도 오랑캐라고 선포했을 정도니, 개항 얘기는 꺼낼 수도 없었겠지.

그런데 문을 닫아건 그 소중한 시간 동안, 조선이 적극적으로 대비를 했던 것도 아니었어. 권력을 잡은 수구파들에 의해 나라 살림은 점점 어려워지고 백성들의 삶은 고달파지기만 했지. 결국 문을 걸어 잠그고 이도 저도 아닌 시간만 보냈다고 할까? 그런데 이게 우리 조상이 어리석어서가 아니라 당시 상황이 그랬다고도 할 수 있어.

옆나라 일본은 조선에 비해 유교의 영향력이 그리 크지 않았어. 게다가 일찌감치 동방 항로를 찾아 나선 외국과 종종 무역을 했던 덕분에 서양 세력을 쉽게 받아들일 수 있었지. 그래서 짧은 시간에 근대화를 이룩하고 점차 서양 열강과 어깨를 나란히 하기 시작했어.

상황이 불합리하다고 여기는 사람들이 늘어나 세력을 형성하게 되었어. 조신 밖의 돌아가는 분위기를 감지하던 젊은 지식인들, 그리고 중국과 일본을 넘나들며 소식을 물어 오는 역관들이 중심이 되어 세상을 더 넓게 보기 시작한 거야.

	척화파		개화파	
대표자	흥선 대원군	최익현 (및 선비들)	김홍집 (온건 개화파)	김옥균 (급진 개화파)
기 치	서양 세력은 모두 오랑캐!	외국 물건 들여오면 오랑캐에게 나라를 빼앗긴다!	차근차근 두근두근, 개화의 싹을 틔우자!	시간이 없다! 어서 빨리빨리!
한 계	유교적 봉건 질서를 지키는 데 급급해 근대화 시기를 놓침.	애국심은 충만하나 세상의 변화를 제때 알아채지 못함.	시대에 뒤처진 사회 시스템은 그대로 두고 청과 일본의 근대화를 모방하려 함.	백성들이 요구하는 아래로부터의 개혁 없이 외세에 기대 급격한 근대화를 꾀함.

　이들은 나라 문을 닫아걸어서는 안 되고, 오히려 서양 열강과 통상을 해서 그들의 발진된 문물을 배우고 베껴서라도 힘을 키워야 한다고 주장했어. 바로 척화파와 날을 세운 개화파들이야. 개화파도 모두 똑같지는 않았어. 천천히 나라 문을 열자는 온건 개화파와 지금 바로 열고 빨리 배우자는 급진 개화파로 나뉘었지.

　처음에는 척화파의 주장이 우세했어. 병인양요나 신미양요와 같은 서양의 침략적 행위로 인해 거부감이 컸기 때문이지. 그러다 다른 나라도 아닌 일본에 의해 강제적으로 강화도 조약을 맺어 개항을 하게 되었어. 조선은 준비된 바가 전혀 없었기에 불평등한 조약이었어.

이후 대기하고 있던 다른 나라들과의 통상이 줄줄이 이어졌고, 근대 문물이 밀려오기 시작했어. 이제 개화는 선택의 문제가 아니었어. 개화를 하는 건 분명한데, 어떻게 해야 하느냐가 문제였지.

이에 급격한 개화를 노린 갑신정변이 벌어졌고, 밀려오는 외국 세력과 비리로 점철된 조정을 비난하며 아래로부터의 개혁인 동학 농민 운동이 일어났지. 비록 동학 농민 운동은 실패로 끝났지만, 농민들의 개혁 요구는 갑오개혁에 상당 부분 반영되었어.

개화의 물결을 타게 된 조선은 청과 일본, 러시아 등 외국 세력에 기대면서 자주적이고 건실한 근대화를 이루지 못했어. 광산 채굴이나 삼림 채취 같은 권한을 내주면서 우왕좌왕했고, 결국 청나라와 러시아 세력과 대립하던 일본이 전쟁에서 차례로 승리를 거두며 조선을 삼켜 버리게 되었지.

대략의 흐름을 보면 자못 답답하게 느껴질 거야. 척화든 개화든 각자 주장하는 바가 잘못되어서가 아니라, 실행 방법을 제대로 세우지 못해서 대부분의 시도가 실패로 끝나 버린 셈이니까.

그러니 척화와 개화 중 어떤 게 더 나은 선택이었는지 고르는 건 큰 의미가 없다고 할 수 있어. 아오, 이 결론을 내가 만장이에게 잘 설명할 수 있을까? 일단 해 보자.

☆ 제목 : 만장이에게

▲ 보낸사람 : 멍 박사

받는사람 : 만장이

만장아, 안녕? 척화파가 옳았는지 개화파가 옳았는지 질문했지? 실은 만장이의 이번 메일처럼 나를 고뇌의 늪에 빠뜨린 질문은 없었어. 그래도 어떻게 답을 해야 할지 고민하다 보니, 나도 근본적인 문제를 다시 따져 볼 수 있었지.

누구는 척화파의 우물 안 개구리 식 좁은 시야와 고집 때문에 근대화가 늦어져서 일본에게 나라를 빼앗겼다고 해. 또 누구는 개화파가 지나치게 외국 세력에 의존한 데다 그들을 함부로 끌어들이는 바람에 나라를 빼앗을 기회를 주었다고도 하지.

앞서 이런 주장들을 두루 살피다 혹시 이런 생각 안 들었니? '과연 척화파와 개화파 어느 한쪽의 잘못 때문에 나라를 빼앗겼을까?' 하는 생각 말이야.

1860년대 조선 말기에서 1910년 한일 병합 조약으로 나라를 빼앗기기까지 흐름을 살펴보면, 두 입장이 부딪쳐 조선의 발목을 잡은 적은 딱히 없는 것 같아. 굳이 따지자면 이양선이 출몰한 뒤 개항을 할 거냐 말 거냐 논쟁할 때는 크게 대립했지만, 어느 정도 시간이 지나면서 개항과 개화는 피할 수 없는 흐름이 되고 말았으니까.

결국 개화를 거부하거나 너무 급격한 개화를 해서 조선이 망한 게 아니라, 각각의 정책을 펼 때 제대로 실행되지 않아서 문제가 생겼던 거야.

여기서 분명한 건, 나라 밖은 하루가 다르게 휙휙 변해 가는데, 조선의 권력자들은 세계정세에 어두웠을 뿐 아니라 알게 된 이후에도 주체적으로 대응하지 못했다는 점이야. 외려 부패를 일삼으며 권력 유지에 골몰하느라 개혁에 실패해 나라를 빼앗기고 말았지.

조선말 vs. 오늘날

역사에 '만약'이란 게 있었으면 어떨까? 일찌감치 세계의 흐름에 눈과 귀를 열고 정세를 파악하고 있었더라면, 또 세도 정치 없이 나라가 안정되어 있었더라면, 나라 문을 일찍 열고 근대 문물을 받아들였더라면, 신분제를 빨리 없애고 백성들의 생활을 안정시켰더라면 등등 의견이 끝도 없겠지?

만장이는 어떻게 생각하니? 어떤 방식을 받아들이거나 시행했으면 개혁이 성공할 수 있었을까? 한번 생각해 봐. 그러려면 시대의 흐름과 세부적인 문제들을 더 알아봐야겠지? (어려운 질문을 했다고 보복하는 거 아니야!)

또 하나, 조선의 마지막을 살펴보면서 지금 우리가 나아갈 길을 고민해 보는 것도 좋을 것 같아. 어떤 사람은 우리나라를 '섬'에 비유하기도 해. 중국, 러시아, 일본, 그리고 바다 건너 미국에 둘러싸인 외로운 처지니까 말이야.

그렇다면 서로 자기편에 줄을 서라고 요구하는 지금, 우리는 어떻게 해야 할까? 백여 년 전 실패한 역사에서 오늘의 상황을 풀어 갈 수 있는 힌트를 얻을 순 없을까?

앞으로도 꾸준히 스스로 문제를 만들고 또 거기에 대한 답을 구해 보도록 해. 그러다 아무리 궁리해도 풀리지 않는 문제가 있다, 그럼 어떻게 하라고? 연구소에 질문하면 되지, 뭐. 그럼 만장이, 안녕!

일제 강점기 36년, 그리고 대한민국
… 일제의 지배에서 광복까지 …

1910년 8월 29일, 한일 병합 조약이 체결되었다. 이제 조선은 나라로서 기능을 할 수 없게 되었다. 입법, 사법, 행정, 나아가 군대와 경찰력까지, 이제 모든 권한은 식민지 최고 권력 기관인 '조선 총독부'가 갖게 되었다. 총독부의 우두머리인 조선 총독은 일본 천왕 직속으로 일본 의회의 통제조차 받지 않는 절대적인 지위를 누렸다. 일본 정부는 조선 총독을 전부 군인 출신들로 임명했는데, 이는 일제가 식민지 조선을 강압적이고 폭력적으로 다스리고자 했다는 걸 보여 주는 대표적인 사례라고 할 수 있겠다.

무자비하고 가혹한 무단 통치

한일 병합 조약을 체결한 이후 일제가 가장 먼저 한 일은 헌병 경찰을 이용한 폭력적인 탄압이었다. 의병에 가담하거나 독립 운동을 한다고 의심되는 사람은 마음대로 체포해 심문했고, 조선 사람들의 집회와 결사, 신문 발행을 금지시켰다. 총독부의 허가 없이는 학교도 세울 수 없었다. 이렇게 폭력과 무력을 동반한 정치 행위를 '무단 통치'라고 부른다.

뿐만 아니라 일제는 토지 조사라는 명목으로 조선 사람들의 땅을 빼앗아 일본인에게 헐값에 넘겨 경제적인 수탈도 본격화했다. 땅을 잃은 농민들은 일본인 지주의 소작농이 되거나 삯일거리는 찾아 도시로 흘러들 수밖에 없었다. 당시 일제가 추진한 경제 수탈의 상징은 '동양 척식 주식회사'였고, 폭력 통치의 상징은 '종로 경찰서'였기에 이들을 대상으로 폭탄 투척 등의 의거가 연이어 벌어지기도 했다.

한일 병합 조약에 체결된 지 구 년 뒤, 무자비하고 가혹한 무단 통치를 막 내리게 만드는 거대한 사건이 벌어진다. 1919년에 전국적으로 일어난 독립운동인 '3·1 운동'이었다.

불타오른 3·1 운동과 대한민국 임시 정부 수립

전국 팔도에 걸쳐 나이와 성별에 관계없이 모두 나서 일제에 대해 저항한 3·1 운동이 일어나자 일제는 군대를 동원해 맞섰다. 대부분 비폭력 시위였는데도 불구하고, 같은 해 10월까지 일제에 의해 구속된 인원만 일만 팔천여 명에 달할 정도였다.

이처럼 일본의 폭력적인 대응과 강대국들의 이해관계로 인해 독립이라는 결실을 맺지는 못했지만, 3·1 운동을 겪은 국내외의 독립운동가들은 독립운동을 이끌 단체의 필요성을 느끼게 되었다. 논의 끝에 여러 독립 단체들을 통합하여 '대한민국 임시 정부'가 탄생했다. 중국 상하이에 본부를 둔 대한민국 임시 정부는 이후 우리나라의 독립운동을 이끌었다.

3·1 운동은 3월 1일 하루에 일어나고 끝난 독립운동이 아니었다. 3월이 지나 점차 한반도뿐 아니라 미국과 만주 등 해외에 사는 동포들까지 3·1 운

1925년에 준공된 조선 총독부 건물. 광화문을 옮기고 그 자리에 지어 조선의 상징인 경복궁을 막아 버렸다. 일제의 치밀한 계산이 느껴진다. ⓒ서울역사박물관

동에 동참하자 일제는 마지못해 통치 방식을 바꾼다. 조선 총독에 군인이 아닌 문관도 임명할 수 있도록 바꾸었고, 조선인의 신문 발행도 허용했다.

하지만 이는 세계 각국 여론의 눈치를 보기 위해 시행한 보여 주기 식 쇼였을 뿐이었다. 여전히 조선 총독에는 군인 출신들이 돌아가며 임명되었고, 경찰의 수는 3·1 운동 이전에 비해 오히려 세 배나 늘어났다. 또 친일 단체를 조직해 여론을 조작하고 친일 지식인들을 적극 양성하는 등의 방식으로 독립운동을 방해하는 데 집중했다. 이처럼 겉과 속이 다른 통치 방식을 '문화 통치'라고 부른다.

병참 기지화 정책과 태평양 전쟁

1931년, 일제는 만주를 침략해 일제의 괴뢰국인 만주국을 세웠다. 동시에 한반도 북부에 공장을 세워 전쟁에 필요한 물자를 생산하려는 계획을 추진했다. '병참 기지화 정책'이었다.

이어 1937년에 중국을 침략해 중일 전쟁을 일으켰고, 곧바로 국가 총동원령을 선포했다. 우리나라의 철과 나무 같은 자원을 마음껏 수탈하기 위한 조치였다. 1941년에 태평양 전쟁을 일으킨 뒤에는 가정에서 쓰는 놋수저와 놋그릇까지 징발할 정도로 한반도에서의 수탈이 극에 이르렀다.

그와 동시에 우리나라에 대한 문화 말살 정책도 노골적으로 진행했다.

신사 참배를 강요했을 뿐 아니라 이름도 일본식으로 개명해야 했고 조선 말 사용도 금지되었다. 또 젊은이들을 강제로 징병해서 전쟁터로 끌고 가는 일도 빈번했다.

그 와중에 일제의 탄압과 감시를 피해 1940년, 대한민국 임시 정부는 '한국 광복군'을 창설했다. 그리고 미군과 협력해 국내로 진입하려는 군사 작전을 계획했다. 국내 진공 작전의 개시일은 1945년 8월 20일이었다.

8·15 광복과 대한민국 정부 수립

국내 진공 작전은 무산되고 말았다. 1945년 8월 15일, 일제가 무조건 항복을 선언하면서 전쟁이 끝났기 때문이다. 광복과 함께 일제의 식민 지배도 막을 내렸다. 남녀노소 가릴 것이 모두 해방의 기쁨을 누렸다.

그 당시 대한민국 임시 정부의 주석이던 김구는 작전을 실행에 옮기지 못한 걸 무척이나 애석해했다고 한다. 싸우지 못한 아쉬움이라기보다는 광복을 우리 힘으로 직접 이루지 못한 데서 오는 걱정에 가까웠을 것이다.

김구의 걱정은 곧 현실이 되었다. 일본이 물러가자 38도선을 경계로 북쪽은 소련군이, 남쪽은 미군이 들어와 군정을 실시했기 때문이다. 스스로의 힘으로 독립을 쟁취하지 못한 설움이었다.

이후 삼 년이 지난 1948년 8월 15일, 남북으로 갈라진 채 남한에서 대한민국 정부가 수립되었다. 초대 대통령은 이승만이었다. 광복을 맞이한 지 팔십여 년이 지난 지금, 우리나라는 지구상에서 유일한 분단국가로 남아 있다.

척화냐 개화냐, 조선의 마지막 승부수

첫판 1쇄 펴낸날 2022년 8월 31일
3쇄 펴낸날 2023년 6월 30일

지은이 이광희·손주현 **그린이** 박양수
발행인 김혜경 **편집인** 김수진
주니어 본부장 박창희
편집 강정윤 조승현
디자인 전윤정 김혜은
마케팅 최창호 임선주
경영지원국 안정숙
회계 임옥희 양여진 김주연

펴낸곳 (주)도서출판 푸른숲
출판등록 2003년 12월 17일 제2003-000032호
주소 경기도 파주시 심학산로 10, 우편번호 10881
전화 031) 955-9010 **팩스** 031) 955-9009
홈페이지 www.prunsoop.co.kr **인스타그램** @psoopjr
이메일 psoopjr@prunsoop.co.kr

• 잘못된 책은 구입하신 서점에서 바꾸어 드립니다.
• 본서의 반품 기한은 2028년 6월 30일까지입니다.